難関資格・
東大大学院も
一発合格
できた！

考える力を
鍛える

「穴あけ」勉強法

河合薫
Kaoru Kawai

草思社

プロローグ

まずは、次の空欄を埋めて文章を完成させてください。

私は［　　　　］います。

朝からずっと［　　　　］います。

先週から［　　　　］をクルクルさせていました。

脳と［　　　　］、もうちょっとで［　　　　］です。

さて、あなたは空いている穴を、どんな言葉で埋めましたか？

・私は 電車に乗って います。
・朝からずっと ぼ〜っとして います。
・先週から 忙しくて目 をクルクルさせていました。
・脳と カラダ 、もうちょっとで 倒れそう です。

・私は 悩んで います。
・朝からずっと 考えて います。
・先週から 転職するかどうかの決断 をクルクルさせていました。
・脳と 心 、もうちょっとで 決心できそう です。

・私は お腹がすいて います。
・朝からずっと 働いて います。
・先週から 部下たちを クルクルさせていました。
・脳と 労働 、もうちょっとで 会社 です。

これらは私の半径3メートルに、〝たまたま〟いた人に埋めてもらった結果です。疲れている人、悩んでいる人、何も考えていない人……三者三様、好きなように答えてくれました。

でも、彼らも、今これを読んでいるアナタも、共通してやっていた〝コト〟があります。

それは、考える——という行為です。

もっと具体的に言えば、自分ゴトとして脳と心を使って、自由に、自分なりの答えを導き出したというコト。

実はさきほどの問題は、

「私は原稿を書いています。朝からずっと書いています。先週から脳内をクルクルさせていました。脳と言葉、もうちょっとでつながりそうです」

という私の文章に、穴をあけたものです。

もし、この文章をこのカタチのまま見せていたら……、アナタはサラッと読み流してしまったのではないでしょうか？　ふと、立ち止まることも、文章を読み返すことも、「私」＝「自分」と置き換えることもせずに。所詮《しょせん》、たわいもない文章です。

読み過ごしたところで、さしたる問題はありません。

ところが、文章に穴があいた途端《とたん》、「なんじゃこりゃ?」と目が止まります。「朝から」とか「先週から」とか「脳と」とか「もうちょっと」とか、［　　］の周りの言葉を手がかりに、あーでもない、こーでもないと脳をクルクルさせ、穴の答えを考える。

これが、**「穴あけ」勉強法**です。

「穴あき」ではありません。「穴あけ」です。

意識的に「穴をあける」ことで勝手に脳が動き出し、たわいもない文章から膨大な知識が育まれ、考える力が身につく方法です。

どこの誰が、考えた勉強法か?

もちろん私です。

なんだ……アンタかい……?　アンタが考えたのかい。

はい。そのとおり。ネーミングも、ワタシです。

「へ〜、アンタが考えたのかい」――。

いいフレーズです。

こう言われたら、勝った!　と考えて間違いありません。

「もっと考えろ！」だの、「もっと頭を使え！」だの、「考える力」が過剰なまでに要求される世の中。多少上から目線の物言いであれ、小馬鹿にした感じであれ、「考えた」と認めてもらった。「へへ」とほくそ笑むだけの価値あるお言葉です。

かつての成功法則が通用しなくなった現代社会では、**「考える」という作業こそが、将来にわたり、「生き勝つ」ための最高かつ最善の手段**です。

生き勝つ——。

ちょっと耳慣れない言葉かもしれませんが、私たちがすべきは、他者との競争ではありません。他人と比べるのではなく、自分の「強み」を最大限に引き出し、自分のパフォーマンスをMAXにする。

つまり、自分との戦い。これが生き勝つということです。

生き残るでも、勝ち残るでも、ない。

大切なのは「強み」を作り、磨き、それを活かし、「アナタが欲しい」「キミにお願いしたい」「あの人に任せよう」と、他者から求められる自分になることです。

「人間は考える葦《あし》である」という名言を残した哲学者のパスカルも、病気や身体の苦痛と戦いながら、思索し、実験し、研究し、悩み、考え、後世に名を残しました。パスカルになれなくても、考える作業を全うすれば、自分の強みを最大限に活かす生き方ができるのではないでしょうか。

どんなに立派な会社に就職しても、どんなに人がうらやむ会社に転職しても、どんなに難しい資格を取得しても、「考える力」がない人は、やがて淘汰されます。考える力がある人は、実に強い存在なのです。

では、どうやって考える力を身につければいいのでしょうか？

じゃーん。

私は□で身につけました。

すべては「穴をあける」ことから始まります。

「穴あけ」勉強法は、「大きな川の流れに身を任す生き方」ではなく、「自分で川の流れを作りたい人」「自分で人生を切り開きたい人」のためのトレーニング法です。

学び直したい人、自分の強みを見つけたい人、強みを生かした働き方をしたい人、転職・起業などのセカンドキャリアを考えている人、就職を控えた大学生、自分らしく生きたい人……、そういった方たちに私のささやかな経験から培ってきた、ひとつの方法を伝えたくて、この本を書きました。

　気になる章から読み始めるもよし。

　順を追って読み進めるもよし。

　あなたの□の答えを探す手段として活用してください。

　では、あなたの□をピカピカにするために、さっそく「穴あけ」勉強法を始めていきましょう。

目次

第2章

「穴あけ」すれば勉強の習慣が自然と身につく

第3章

「穴あけ」からアメーバ化で知識を応用できる

第4章

「穴あけ」からアナロジーで想像力を鍛える

第5章 強みを発展させてイノベーションを起こす

表紙写真
Mordolff/gettyimages

第1章

「穴あけ」勉強法とは？

第1問

すべては［　　］から始まる

すべては［穴あけ］から始まる——。

19頁の写真は私が、独学で勉強するときに作成してきた「穴あけ問題集」です。新しいことを学ぶときは、いつもこのような穴あけ問題集を手書きで作ってきました。毎日、ほんの少しの時間を使って、少しずつ問題を増やしながら、空いた時間で問題を解く。それを繰り返すだけ。

何を隠そう、この私、「穴をあける」作業の繰り返しで今まで生き延びてきました。「穴あけ」勉強法でこれまでの人生キャリアを築き、考える力を鍛えてきたのです。

私は「考える力」とは、きちんと勉強することから始まり、「穴をあける」作業の繰り返しで、誰もがトレーニングにより鍛え、高められる力だと確信しています。この「穴をあけて考える」トレーニングは、「生き勝つ」ことに必ず役に立ちます。

第1問

すべては［　　］から始まる

「穴あけ」勉強法は、基礎知識の土台（＝ルーティン）を作り、知識の応用力（＝アメーバ）を身につけ、企画力（＝アナロジー）を高め、考える力を鍛える勉強法です。

ひとつひとつの作業は、あなたの**強みを作り**、それを**磨き**、**活かす**ことにつながります。それができれば、自分MAXのパフォーマンスを発揮できるようになる。

そして、その先は、イノベーションの世界。「革新する力」です。残念ながら、私自身まだここには至っていないのですが、穴をあけ続けることが、常識を超えた新しいモノを生み出す、イノベーションにつながると信じています。

とはいえ、実際のところ、私も「やばい！」っと通帳を眺め、冷汗をかいたことも数知れず。思うように前に進めないジレンマから、逃げ出しそうになったこともありました。でもどうにかこうにか、それを乗り越えてきました。

「自分の言葉で伝える仕事がしたい」と、若さゆえの勢いで、一念発起して、28歳で国際線CA（客室乗務員）を辞め、世間の冷たい風にもさらされ、さまざまなことに気づかされました。その後、30歳でお天気キャスターになり、40歳手前で大学院へ。

学生時代は、まさか自分が空を飛び（CA）、空を予想し（気象予報士）、人の心の空模様を見る（健康社会学者）ようになるなんて、想像したこともなかった。

でも、これが「ひたすら穴をあける」ことで作ってきた、私の「流れ」です。「流れ」は、キャリアって言葉を使ってもいいかもしれません。ちょっと大げさに言うなら、「ひたすら穴をあける」ことでキャリアを切り開いてきた、と。

そして、今もこの世知辛《せちがら》い世の中で、自分MAXのパフォーマンスで生き勝つために、穴をあけ、もがき続けています。

もし、「穴をあけて考える」という作業をしなければ、恐らく私は「勘違いしてCAを辞めた、痛い人」になっていたと思います。

「運がいいんだね」

気象予報士第1号となり、「ニュース・ステーション」のキャスター、久米宏さんの隣でお天気を伝えるようになったとき、何度も言われました。

「勉強、好きなんだね」

東京大学大学院に進学したとき、何人もの人に言われました。

「ずいぶん出世したね～。そのモチベーション、どうやったら持てるの？」

ビジネス雑誌の連載やテレビなどのコメンテーターをやるようになってからも、運がいいんだねとかなんとか、言われ続けています。そう言われるたびに、私はなんとも言えないモヤモヤした気持ちになります。

第1問

すべては［　　　　］から始まる

「穴あけ」勉強法で穴をあけていけば、あなたの強みはMAXに！

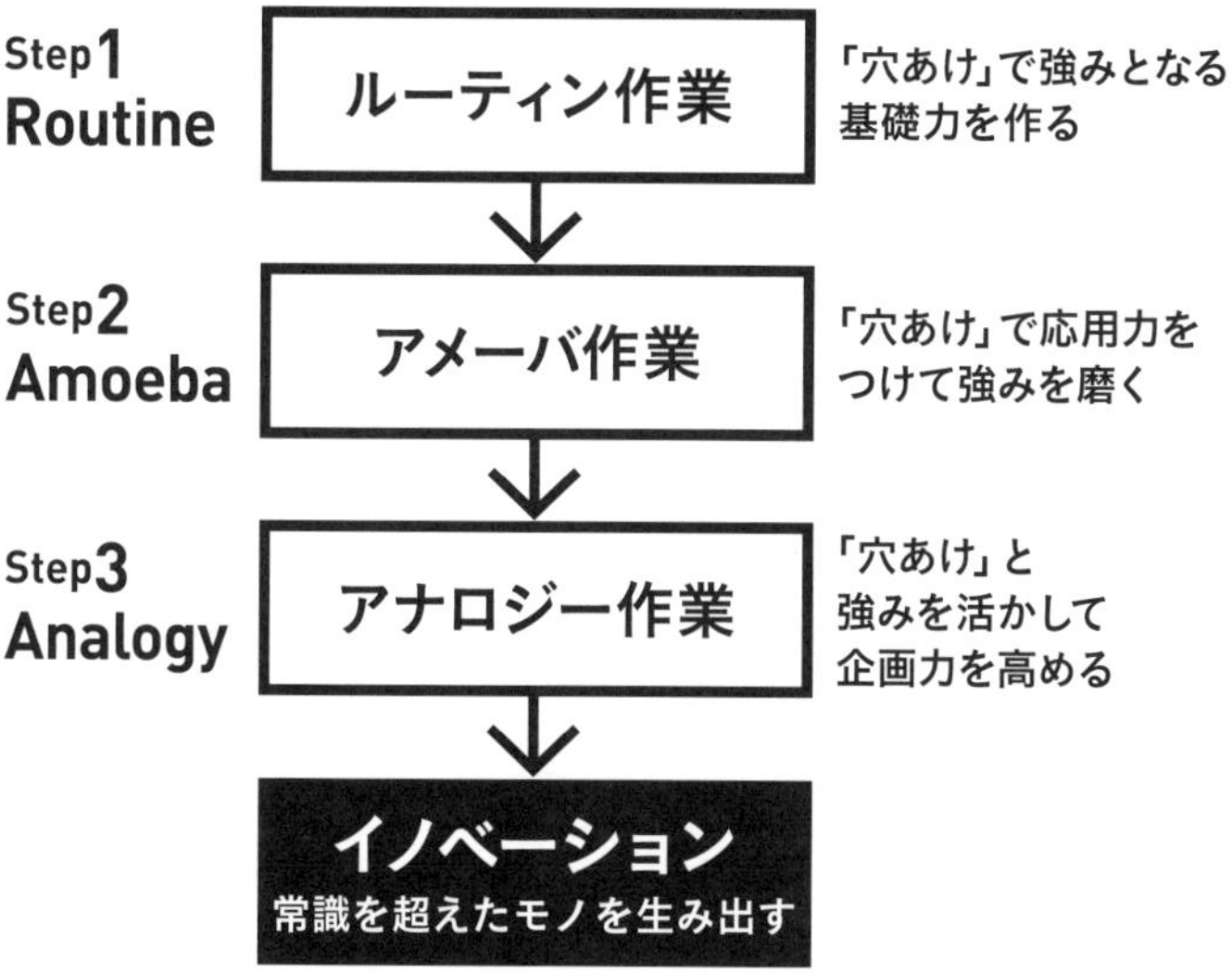
Step1
Routine
ルーティン作業
「穴あけ」で強みとなる基礎力を作る
Step2
Amoeba
アメーバ作業
「穴あけ」で応用力をつけて強みを磨く
Step3
Analogy
アナロジー作業
「穴あけ」と強みを活かして企画力を高める
イノベーション
常識を超えたモノを生み出す

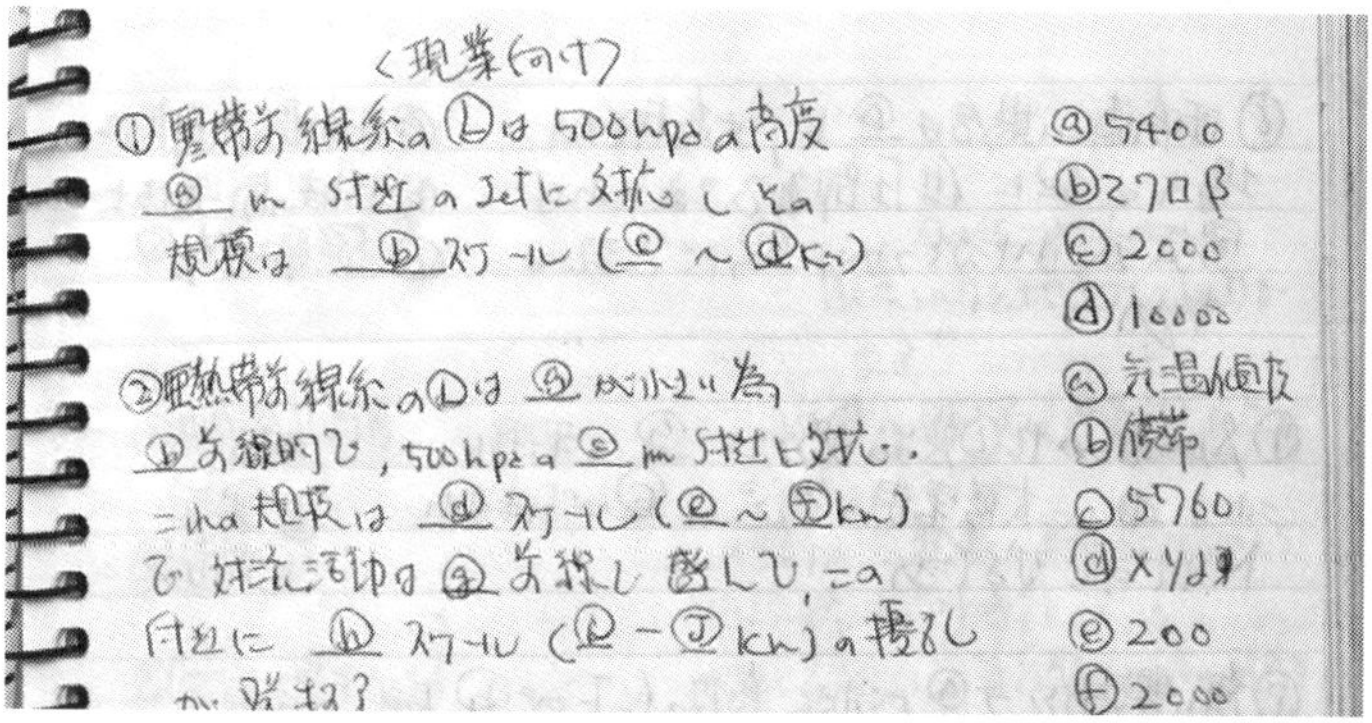

だって、運や勉強好きだけで生き残れるほど世間は甘くないんですよ。生きるってことも、稼ぐってことも、めちゃくちゃ大変なこと。「はい、終わり」って突然言われて、いつ仕事がなくなるか分かりません。

それでも自分が手を抜いたり、なめてかかったり、インチキしないかぎり、波はあってもどうにか食える。いや、そう覚悟決めなきゃ、やっていけない……。そんな覚悟だけは、持てるようになりました。

そのことを私に教えてくれたのが、「穴あけ」勉強法なのです。

第2問

考える力を高めるには、基礎をきちんと勉強する

さて、質問です。

考える力の高い人とは、どういう人のことを言うのでしょうか？

頭のいい人、いい大学を出た人、記憶力のいい人……。

う〜む。どれもしっくりきませんね。

これだけ「自分の頭で考えろ！」「考える力を高めたい」だの言っているわりには、考える力の高い人を表現するのは、実に難しい。

案外ボ〜ッとしている人ほど考えていることもあるし、ものすごく考える力のありそうな人が「オイオイ、勘弁してよ」ってこともある。

「考える」作業は外から見えないので、考える力の高低を表現するうまい言葉が見つからないのです。

その一方で、

「キミさ、頭いいんだから、もうちょっと考えてよ」

「あの人、いい大学出てるから、頭はいいはずなんだけどね」

「今の日本の教育は暗記力しか身につかないんだよね〜」

といったフレーズを、耳にすることはよくあります。

つまり、「頭がいい人」や「いい大学を出た人」が「考える力の高い人」とは限らない。「暗記力」＝「考える力」でもない。少なくとも考える力とは、学歴では計れない代物なのです。

では、競争社会で生き勝つための手段が、「考える」ことであるなら、生き勝っている人とはどういう人でしょうか？

それは、**「きちんと勉強している人」**。私はそう断言できます。

例えば、メディアの世界は食うか食われるかの厳しい社会です。「一発屋」という言葉があるように、一世を風靡した人気者がこつ然と姿を消すのは珍しいことではありません。

そんな競争社会の片隅に20年近くいると、消えていった人と生き残った人の違いが分かります。

第2問

考える力を高めるには、[基礎]をきちんと勉強する

生き残った人たちに共通するのは――。

きちんと勉強していることです。

一見、適当にやっているように見える人でも、例外なくきちんと勉強しています。

とりわけ、「●●といったら○○さん」といった具合に、その人ならではの「強み」を持っている人ほど、強くて、しぶとい！

そういう人はたとえ活躍の舞台から追われるような事態に遭遇しても、必ずや生き返ります。異なる世界に移って不死鳥のごとく生き延びていることも多いです。

そもそも「考える」という作業は、どういうコトなのか？

もう少し深めてみましょう。

考える作業は、混沌とした状況のもと、手探りの現状分析から始まります。〝今〟目の前にある現実と、これから起きるかもしれない〝未来〟とが頭の中で入り乱れる。頭の中は、グチャグチャです。

そんな不確かな状態で、登場するのが頭の中に住んでいるお友だちのおサルやウサギさんです。煮え切らない内なる感情を確かなものにするために、あーでもない、こーでもない、こんなこともあるぞ、と脳内のお友だちと相談する。

「よし、これが答えだ！」と、やっと考えが言葉になろうとする瞬間、「いや、それじゃないんじゃないか」「それでいいんだっけ」など、もう一歩というところで引っ掛かる。

「………」──。

出そうで出ない。出したいけど出せない。

言葉にモザイクがかかり、立ち往生する。この実にめんどくさい作業こそ、「考える」というコトです。

手に入れた知識を足がかりに、おサルやウサギさんと〝脳内キャッチボール〟を繰り返すには、きちんと勉強してできるだけ多くの基礎知識をインプットする必要があります。つまり、考える作業は、「知識」がないことには始まらないのです。

よく「考えるうえでは知識が邪魔をするので、知識はないほうがいい」という意見を聞きますが、それは「分かる」作業が欠けているだけです。

知識が消化されるまで、**脳内キャッチボールを行うことで、「知る」（＝インプット）が、「分かる」に変わります。このプロセスがあって、単なる思いつきとは別物の、自分なりの「答え」を初めて導き出すことができます（＝アウトプット）。**

答えは自由です。自分なりの答えで「穴のあいた」空欄を埋める。この一連のプロセスが、「考える」作業です。

第2問

考える力を高めるには、基礎をきちんと勉強する

考えるプロセス

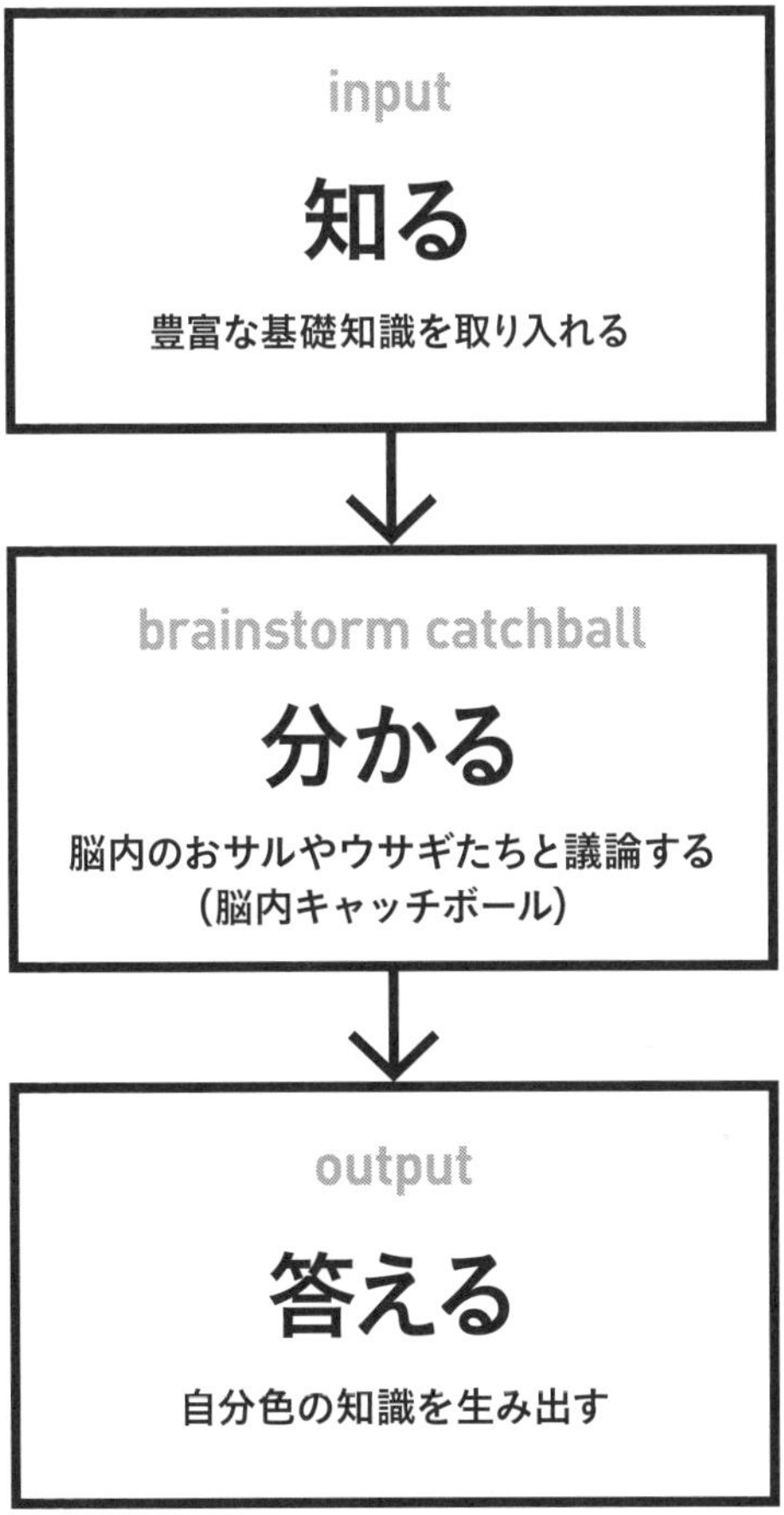

個人的な話ですが、ド素人だった私は、気象予報士試験を一発で合格し、8年間お天気のプロとしてテレビに出続けることができました。それは、なぜか？

小学生向けのお天気図鑑で、気象の基礎を徹底的に勉強したから——。

そう言い切る自信があります。

お恥ずかしい話ですが、私は「なぜ、雨が降るのか？　なぜ、風が吹くのか？」といったお天気の基礎中の基礎さえ、分かっていませんでした。

そこで、ひたすら小学生向けの『学研の図鑑　天気・気象』（学習研究社）を元に「穴あけ問題」を作り（方法はのちほど）、それを毎日、解くことで、気象の理を理解しました。図鑑をきちんと勉強したことで、高校時代はトンチンカンだった物理式が解けるようになり、わずか1年足らずで〝気象のプロ〟たちが読む難しい気象学の本も読めるようになりました。

お天気の基礎がきちんと「分かる」と、「気圧の谷」や「上昇気流」といった専門用語を一切使わなくても、やさしい身近な言葉でお天気を説明できます。この「分かりやすさ」こそが、私がお天気キャスターとして生き残れた理由だろうと思っています。

小学生向けの天気図鑑を徹底的に勉強すれば、気象予報士の試験は受かる——。

第2問

考える力を高めるには、[基礎]をきちんと勉強する

これは私の持論です。小学生向けの図鑑には、気象の基礎知識が、きちんと書かれています。それを徹底的に自分の中で消化できれば、難しい物理式も理解できるのです。どこから突かれても倒れない土台があって、初めて立派なビルは立つし、深く広がったしっかりした根があって、初めてきれいな花が咲きます。斬新なダンスはクラシックバレエなどの基礎から生まれます。偽装した杭で土台を作ったら、マンションは……傾きます。

何事においても、基礎・基本が、大切。

考える力を高めるには、[基礎]をきちんと勉強する。

ここからがスタートなのです。

第3問

「穴あけ」は思考力を、「穴あき」は暗記力を

「基礎をきちんと勉強することの大切さ」について、もう少しお話ししましょう。

ひとつおもしろいエピソードがあります。

小学生向けにお天気教室をしたときのこと。

「雨は［　　］から降ってくる。さて、どこからでしょう？」

そんな問いを投げてみました。

低学年の子たちは、

「地面！」

「水道！」

「天井！」

と、奇想天外な答えを、楽しそうに連発します。

地面と答えた子は、「キャンプに行って雷が鳴って、パパが危ないから帰ろう！って言うから、車に乗ったら、地面からバシャバシャと雨が降ってきたの！」

水道と答えた子は、「ポトン、ポトン、って音がする方向に行ってみたら、蛇口から雨が降ってた！」

天井と答えた子は、「ママが大変！　って言って、バケツを持ってきたの」とオトナたちの笑いを誘いました。

ところが、です。同じ質問を高学年の子どもたちにすると、

「上昇気流で雲ができて、雨は雲から落ちてきます！」

と、胸を張って答える子が多くなります。

「じゃあ、上昇気流って何？」と聞くと、「う〜ん……」と押し黙る。

「雨はなぜ、雲から落ちてくるの？」と聞くと、「まだ、習っていません」とふてくされる。

低学年の子たちが、元気いっぱい楽しそうに答えてくれる姿とは対照的です。

低学年の子と高学年の子の違い。実はこれが「**穴あけ**」と「**穴あき**」の違いです。もっと言うと、「思考力」（＝考える力）と「暗記力」の違いでもあります。「穴あけ」では思考力が、「穴あき」は暗記力が求められます。

低学年の子たちが、思考力を発揮して「自由」に答えを探していたのに対し、高学年の子たちは、暗記した中から「用意された」答えを探していました。**考える作業は、準備されていない答えを、自由に考えること。そこに「正解＝○」は存在しません。**

○でもない、×でもない、▲が答えです。

例えば、さきほどの低学年の子たちの回答は、いずれも「×」のようで、実際には「▲」です。

雨は大気の水が循環したものですから、「地面」から蒸発した水分が雨粒の素だし、「水道」に流れている水が下水道などから川に流れていけば、これも雨粒の素になります。天井は……（笑）、これも、▲。その子のおうちでは、天井から降ってくるのでしょう。

子どもたちは、自分の経験に基づいて穴を埋めました。

ただ、経験するだけでは考えるという真の作業は完結しません。「地面からバシャバシャと降ってきたから、雨は地面から降る」と言われても、誰も納得しないでしょう。これでは、▲は×に近づいてしまいます。

この経験から導き出された〝▲という答え〟を、○にするには、雨に関する基礎的な知識が必要です。

答えの穴を「自分の意志で空けて」、インプットした基礎知識を軸に、この▲を○にするために、再び、考える。経験を知識で裏付けたり、経験を生かすために知識をうまく利用したり、あれこれ考える。さきほど、私が子どもたちの▲を○にしたようにです。

一方、高学年の子たちは、理科の授業などで暗記した知識から、答えを探しました。暗記は、インプットしたものを脳内で仮置きする作業です。脳内のおサルさんやウサギさんたちとのキャッチボールがないので、知っているだけ。

丸暗記した知識＝「雲から雨は落ちてくる」ことや「雲は上昇気流でできる」ことは知っているけど、分かっていない。だから、「上昇気流って何？」と聞かれても答えられない。

そもそも、日本の義務教育はマークシートに代表される「穴あき問題」の「穴埋め」を重視してきました。効率のいい暗記法を習得した人の偏差値が高くなり、社会から「勝ち組」と評価されてきました。

つまり、「穴をあけ」て自由に考えるのを楽しんでいた子どもたちが、気づくとオトナの用意した「穴あき」の答えを探す達人になっていくのです。

私たちが生きているのは、かつての成功法則が通用しないご時世です。そこでいちばん求められるのは、何か？

「既成の価値観に囚《とら》われず、自由に柔軟に答えを導き出す力＝考える力」です。用意された答えはないわけですから、ひたすら穴をあけ、あーでもない、こーでもない、と考える。▲を○に、その○を◎に、穴をあけ続ける。

低学年の子たちが、楽しそうに奇想天外な答えを連発してくれたように、本来考えることは、胸をときめかせる、実に楽しい知的な遊びです。

一方で、この本では、考える作業は、しんどい作業だと書いていますから矛盾するようですが、私の中では矛盾していません。

宇宙人のことをアレコレ議論すると、なぜ盛り上がるのか？

サラリーマン川柳がなぜ、人気なのか？

自由に考える自由がある。だから、楽しい。至極シンプル。経験だけじゃ、物足りない。思いつきだけじゃ、固まらない。良質な知識が必要不可欠。

そう。**考える作業に終わりはない、のです。**

それでも、どこかで終わりにして自分なりの「答え」を出さなきゃいけないときもある。「答えは○じゃなきゃダメ」と思い込んでいるとしんどくなる。「▲でいい」と思えば、考える作業は、結構、楽しいものになってくるのです。

第4問

ストーリーがあるので、知識が頭に入りやすい

さて、いよいよ「穴あけ」勉強法の本番へ。

極めて個人的な話しから始めますが、ちょっとだけ我慢して聞いてください。

私は、父親の仕事の関係で小学校4年生から中学生まで米国アラバマ州のハンツビルという、南部の田舎町で過ごしました。日本人の家族は我が家だけ。完全なアウェーでした。ですから日本語は家族との会話だけで、日常会話の7割は英語でした。

帰国したときに「アクセントがおかしい」と笑われたり、漢字が読めなくて困ることは度々ありましたが、少し気をつけて話したり、人よりも多く漢字の勉強をすれば何とかなったので、日本語が理解できなくて苦労することはありませんでした。

ところが、高校生になって校内実力テストの最中に、〝事件〟が起こります。

第4問

ストーリーがあるので、[知識]が頭に入りやすい

現代国語の長文問題が、何度読んでも理解できなかったのです。

漢字が読めないとか、読めない字があるとか、そういったことではありません。ちゃんと音読できるのに、意味が分からない。古文でもなければ漢文でもない。ただの現代文。なのに書いてあることが、ちっとも理解できませんでした。

「な、なんでやねん？」

自分でもわけが分からなくなりました。

普通に生活できているのに、普通に日本語を話しているのに、日本語の長文を読解できない。生っ粋の日本人なのに、なぜか日本語が理解できない。

「………（涙）……」

あの時のむなしさといったら、格別で。

情けないという感情を通り過ぎ、自分が何者か分からなくなりました。高校生の私は、とてつもないショックを受けたのです。

それからというもの、私は「日本語の本」をいっさい拒否するようになりました。意識的というより、むしろ無意識にです。教科書も例外ではありません。現代国語に加え、世界史や日本史の教科書も、授業のとき以外は閉じたまま。テスト前に仕方なく開く程度でした。

ただでさえ苦手だった歴史はますます苦手になり、現代国語にいたっては、3年間ブビーの座を一回も手放したことがありませんでした。

現代国語、日本史、歴史が壊滅的とくれば、普通は理系に進むはずです。

ところが私は何を勘違いしたのか、「英語ができる」という理由で文系クラスを選択。東京外語大を目指したのです。当時は共通一次試験（今で言う共通テスト）で高得点を取れば、多少は二次試験の成績が悪くてもカバーできるシステムでしたので、高3の秋まで「英語と数学で稼げばいいや～」とのんきに構えていました。

ところが、です。再び、事件が起こります。

共通一次試験を2カ月後に控えた11月の全国模試で、不覚にも「F」判定。「がんばってもムリ！」とコンピューターに引導を渡されたのです。あえなく外語大受験を断念。大学入試直前に進路変更を余儀なくされました。

そんな切羽詰まった状態で誕生したのが、**「穴あけ」勉強法**です。

蛍光ペン片手に教科書や参考書を読むのですが、これがどうにもうまくいかない。一問一答などの穴埋めドリルをやっても、集中できませんでした。意識が遠のくばかりで。受験生ぶって毎晩、深夜ラジオをつけ遅くまで起きていたのですが、勉強がちっとも進まず焦る日々が続いていました。

そこで参考書を読むのを止めて、書き写すことにしました。書けば覚える。そう考えたのです。でも、書き写すだけだと修行のようでつまらない。そこで、文章に穴をあけて、お手製の問題集にしてみました。

作り方は簡単です。**ノートを縦半分に折ります。左側に穴をあけた問題をつくります。右側に、穴の答えを書きます。**

以上です。

たったこれだけのことですが、「穴あけ問題作り」は効果てきめん。知識がすんなり入ってくるようになったのです。

私は日本語が分からないわけではありません。

ただ、長文になると少々混乱するのです。

「You look younger than you really are」は理解できなくても、「You look young」なら分かる。これと同じです。

この文章を単純化する、という作業が穴あけ問題では簡単にできました。
例えば、日本史の教科書の「源平の争乱」の章に次のような文章があったとします。

1180年、平清盛は娘徳子と高倉天皇の間に生まれた3歳の孫を、安徳天皇として即位させます。このことで、自分が天皇になる可能性がなくなった人物がいます。後白河法皇の皇子・以仁王《もちひとおう》です。

以仁王は、源氏の中でひとり中央政界に生き残っていた源頼政《みなもとのよりまさ》とともに平氏打倒に立ち上がり、諸国に挙兵を呼びかけます。

これを穴あけ問題にすると、こうなります。

①1180年、［　　］は3歳の孫を［　　］として即位させた

②その結果、［　　］以仁王は天皇になれなくなった

③［　　］は源頼政と［　　］打倒に立ち上がった

平清盛　安徳天皇
後白河法皇の皇子
以仁王　平氏

文章がかなり単純化され、分かりやすくなったと思いませんか？

文章をすべて書き写すのは結構な手間だし、全部書き写したところで上の欄（穴あけ問題のスペース）に書ききれません。そこで、ムダな部分＝修飾語や形容詞を削ぎ落とし、主語と述語だけにしました。長文が単文化され、私が理解できるカタチに変換されたのです。

そもそも教科書の文章には、曖昧《あいまい》な表現が必然的に多く使われています。専門的な知識の中には、ある条件下で真でも、他で真にならないこともあるので、断言できずに曖昧になりがちです。それをさらに複雑にさせるのが検定制度です。

教科書は文科省の学習指導要領に沿って作らなくてはならないので、学習していないことは本文に載せられません。

基礎知識は文科省の指針に沿って存在するわけじゃないので、「アレはダメ。これもダメ」と規制されるとややこしくなる。正確に伝えようとすればするほど、文章は複雑になってしまいがちです。

私は10年ほど前から、中学校理科の教科書の編集委員をやっているのですが、検定に通る文章を作ることの大変さに驚きました。と、同時に自分が使ってきた教科書が、「子どもたちに知ってもらいたい。これを伝えたい。理科を好きになってもらいたい」という先生たちの愛と努力の結晶であることを知り、感動しました。

そういった先生たちが「伝えたかったこと」が、教科書の文章をノートに書き写す際に研ぎすまされ、分かりやすいシンプルな文章に置き換わったのかもしれません。

穴をあける場所は自由です。ただ、歴史では経験的に名前や名称、年代が試験で問われることは分かっていますから、そのどれかをあけたくなる。

「その結果、□以仁王は天皇になれなくなった」という問題を書いた後に、

「以仁王は、源氏の中でひとり中央政界に生き残っていた源頼政《みなもとのよりまさ》とともに平氏打倒に立ち上がり、諸国に挙兵を呼びかけます」

という文章があれば、「以仁王」を穴にした文章をつくらなきゃ、という意識が働き、

「□は源頼政と□打倒に立ち上がった」

といった問題ができあがります。

第4問

ストーリーがあるので、知識が頭に入りやすい

ちなみに、以仁王は平安時代末期の皇族で、後白河天皇の第三皇子です。「以仁王の令旨」を出して源氏に平氏打倒の挙兵を促したことで知られています。NHKの大河ドラマ「平清盛」では、平清盛が後白河法皇を幽閉し、以仁王の城興寺領を没収した際に「私は、何のために王家に生まれてきたのでござりましょう。いや、何のために生まれてきたのでござりましょう」と嘆くシーンがありました。このとき「安徳天皇」は即位したのです。

少々脱線しましたが、穴あけ問題は箇条書きでありながら、情報は一連の流れでつながっています。ストーリーがあるので、知識が頭に入りやすい。これが「穴あけ」勉強法のひとつ目の特徴です。

そもそも知識を習得するうえで、ストーリー性は極めて重要です。

例えば、アメリカ人に「アメリカ人の理想は?」と聞くと、「正直さ」とあげる人がとても多い。それは「桜の木を切ってしまったことを白状した、ジョージ・ワシントン」の物語が受け継がれているからだとされています。どんなに「正直であれ」と言い続けるよりも、桜の木の物語を伝えたほうが人の心に残る、というのです。

実際、多くの実証研究で、ストーリーの有効性は確かめられています。

図や表などを駆使してプレゼンテーションを行うより、ストーリー仕立てで説明したほうが、聞き手の心に残るという結果がいくつも出ているのです。聞き手が、ストーリーに登場する人物や物ごとを自分の感情と結びつけながら話を聞くため伝わりやすくなるのです。

第5問 脳には「穴を埋め たくなる」習性がある

・穴をあけると、［　　］する
・穴あけ問題は、［　　］で解く
・市販の問題集の［　　］はつまらないが、［　　］だと楽しい。

さて、また穴あけ問題ですが、どうでしょう?

さきほどまで、ツラツラ読んでいたこの本の文章が、穴あけに変わった途端、ひとつひとつの語句に意識が向いたのではないでしょうか?

この文章の元原稿は、以下のとおりです。


穴をあけたことは、集中につながりました。家で作った穴あけ問題は、通学電車の中で解くことが多かったのですが、集中し過ぎて乗り過ごすことが何度もありました。

単純に、穴を埋めるのが楽しくなった。同じ穴を埋める作業でも、市販の問題集の穴を埋めるのはつまらなかったのに、お手製だと楽しかったのは不思議でした。

はい。そうです。私が書いたものに、穴をあけ、穴あけ問題にしました。

ずいぶん文章が単純化されました。ポイントが絞られて、分かりやすくなりました。ストーリーが、確認できましたか？

一応、「確認できた」ということにして、進みますよ。

さて、前述したとおり、私は作った穴あけ問題を、通学電車の中や学校の休み時間に解くようにしたのですが、これはまるでクイズのように楽しめました。

例えば、電車に乗ったときに、「青春は〇〇だ！　注：答えは右下」なんて広告を見ると、「若さ？　いや、これじゃ普通。……爆発。これじゃパクリか。……桃色。いや、それは違う」なんて具合に、アレコレ勝手に穴埋めをしていることがありませんか？

おもしろい答えを次々と考え、ひとりつっこみをしてみたり。誰が笑ってくれるわ

第5問
脳には「穴を埋めたくなる」習性がある

けでも、褒めてくれるわけでも、電車賃がタダになるわけでもないのに、なぜか必死で穴の答えを考える。

穴あけ問題を解く作業は、まさしくこんな感じでした。

お手製の問題への愛着？

ありきたりではない問題への興味？

あるいは、〝好きに穴をあける自由〟を手に入れたことがうれしかった？

今となっては、なぜ楽しくなったかを特定することはできません。ただ、もともと脳には「穴を埋めたくなる」習性があるので、それが穴あけ問題で顕在化したと考えています。

俳優やアイドルの名前を思い出せないと、なんとなく「気持ち悪い！」ものですが、アレは脳が穴を埋めたいのに埋まらないことを、気持ち悪がっているからに他なりません。逆に、思い出したときスッキリするのは、「穴が埋まった」のを脳が喜ぶから。

穴あけ問題では、これと同じメカニズムが働いています。

脳が自分で作った穴を必死で埋めたがり、埋まったときにスッキリする。この繰り返しが、穴あけ問題を楽しくさせるのです。

もちろんこれは、あくまでも私の仮説です。でも「つかみが大事」というように、**楽しい感情はルーティン化を容易にします**。実際、「穴あけ」勉強法は簡単にルーティン化できました。

まず穴あけ問題を作るときに、あまり「頭を使わない」ので、ルーティン化のハードルが低い。加えて、楽しいから続けられる。「楽しさ」は、セルフスタディ（自習）するうえでモチベーションの維持に有効であることが、実証研究でも確かめられています。

私は大学院にいるときに、４つのステップで構成されるストレスマネジメントのEラーニングプログラムを開発したのですが、つかみがオッケーのプログラムでは受講率が飛躍的に高まりました。プログラムを「おもしろい」と感じた人は脱落することなく、次のステップに進んでいたのです。

さらに、学習を進める過程で「これは役に立つ！」と受講者が役立ち感を持てると、プログラムの効果が高まることも分かりました。

楽しい➡役立ちそう➡役立った　というポジティブスパイラルに入ると、セルフスタディであるEラーニングがルーティン化したのです。

脳を穴が埋めたがる➡穴が埋まるとすっきりする➡楽しい・勉強が進む➡嬉しい知識を習得できる➡役に立つ――。

こういったいくつものポジティブな感情を、「穴あけ」勉強法では体感できます。このルーティン化のしやすさこそ、「穴あけ」勉強法が「きちんと勉強する」のに適している理由です。

毎日、コツコツ続けられる方法を見つけ、それが習慣になれば、結果的に「努力した」ことになる。その方法が、「穴あけ」勉強法です。少なくとも、「穴あけ」勉強法は、私にとって画期的な発明でした。そして、脳の「穴を埋めたがる習性」から考えると、多くの人に同じような好循環が生まれる可能性は極めて高いと思っています。

センターボケについて

誰しも、40歳を過ぎると、記憶力の衰えが見られることも多くなり、ただの会話がしょっちゅう穴埋めクイズになりがちです。


「昨日、久しぶりに……えっとなんだっけ？　あのアイドル。アレだよ、アレ。下敷きに挟んでたのに思い出せない。えっと…、オマエはのろまなカメの……」

「ああ、なんだっけ……。風間トオルと出てた〜」

「スチュワーデス物語好きだったよなぁ〜」

「子どもたくさんいる人だよね〜」

「え？　風間トオルじゃなくて、風間杜夫だろ？」

「アハハ、そっか（笑）」

「アレだよ、アレ。ホリプロスカウトキャラバンで出てきて、キョンキョンと同期で……」

「堀ちえみだ！！！」

第5問

脳には「[穴を埋め]たくなる」習性がある

「で？　堀ちえみがどうしたって？」
「ん？　なんだっけ。ナニ話そうと思ったんだっけ？」
「（一同）なんだっけ？　アハハ」
なんて具合です。

思い出せない昔のアイドル。思い出せない昔の映画。思い出せない昨日見たドラマ。思い出せない知人の名前……。

答えが出ないと気持ち悪い。たわいもない、しょーもないことなのに、どうやっても気持ち悪い。そこで必死な穴埋め作業が始まります。

ひとり、またひとりと〝参戦者〟が増える。「穴埋めに参戦する楽しさ」がそうさせるのでしょう。「脳の空白を埋めたがる性質」は、あらゆるところで発揮され、その脳の埋めたがりを、私たちは結構楽しんでいます。

ちなみに、私はこの〝日常的穴埋めクイズ〟を、センターボケと呼んでいます。

肝心要《かなめ》の必要な情報が出てこない。センターが見えない。

そう。まさしくセンターボケです。

一方で周辺情報は山ほど出てくる。次から次と出てきます。

ちなみに、さきほどの会話の推移をたどってみると……笑。のろまなカメ⬇スチュワーデス物語⬇風間トオル⬇風間杜夫⬇子だくさん⬇ホリプロスカウトキャラバン↓キョンキョンと同期

センターボケでは、【堀ちえみさん】という回答を得たいがために、これらの周辺情報があれやこれやと出てきました。これでググれば、【堀ちえみ】が出てきますし、【堀ちえみ】をキーワードでググれば、このような情報も一緒に出てくるはずです。

つまり、私たちが知っている言葉には、たくさんの情報が詰まっていて、たったひとつの言葉をきっかけに、知識を増やすことが可能なのです。

穴あけ問題集も空白の答えをキーワードに、それに関連する情報を増やしていけば、知識を無限大に増やしていくことが可能です。たったひとつの穴から、無限大の知識へと広がるのです。

第6問

「自分の言葉で伝える？　出直してこい！」

個人的な話しをもう少し。

〝現国力ゼロ〟の文系女子高生は、先生になる気もないのに千葉大学の教育学部に進学しました。きっかけは部活の顧問の先生です。

「千葉大に行けば、近くだから私が指導に行ける。オマエは、インカレも全国大会も行けるから、あと4年間だけでいいから、剣道を続けなさい」――。

こう言われたのです。

実は私……、小学校1年から剣道をやっていまして。女剣士にあこがれて始めたとか、そんなかっこいいものではありません。兄が剣道をやっていて、たまたま先生たちが父とお酒を飲んでるときに、「薫ちゃんも小学生になったら、剣道やろうね～！」と指切りげんまんをさせられ、有無を言わさず竹刀を持たされました。

剣道と言えば、臭い、暑い、寒いの三重苦です。アメリカに引っ越したのをきっかけに辞め、「二度とあの苦しい稽古はしたくない」と思っていたのに、どういうわけか高校生になったときにスイッチが入り、剣道部に入部してしまったのです。

稽古は相変わらず苦しいものでしたが、部活のメンバーに恵まれたこともあって、剣道に明け暮れる日々を過ごしました。自分でいうのもなんですが、県内ではかなり有名な強い剣士だったのです（いちおう4段です）。

外語大が「F」判定だった以上、他の大学を目指すしかありません。千葉大は通っていた高校の目と鼻の先。「とりあえず見学に行ってみよ～」と友だちと広大なキャンパスを訪問しました。

すると、地味な大学の一角に華やかな女子大生を発見！　教育学部にきれいなお姉さんたちがたむろしていて、「よっし、教育学部だ！」と受験しました。

安易です。軟弱です。何も考えていません。

時代はバブル。軽さが許された時代です。大学は「遊ぶところ！」と信じ、まともに勉強もしていませんでした。CAになったのも、「世界をまたにかけた仕事がしたい！」という安易な気持ちです。

さしたるキャリア意識もなく、3年で辞めて、結婚する予定でした。

そんな私が、「自分の言葉で伝える仕事がしたい」なんて一人前のことを言ってCAを辞めるんですから、人生、何が起こるか分かりません。

当時の状況を補足しておくと、入社した頃の全日本空輸（ANA）は国際線に就航して2年目。「JALに追いつけ、追い越せ！」を合い言葉に、全社員ががんばっていた時代です。就航していたのは、ロサンゼルス、ワシントン、シドニーの3本の長距離路線と、グアム、香港、北京（大連経由あり）、ソウルの4本の短距離路線のみ。成田にいる客室乗務員もわずか500名でした。

フライトから帰ってくるたびに、ひとつ、またひとつと路線が増え、CAの数もどんどん増えていきました。飛んでいたのは、たった4年です。でもANA国際線の急成長期のまっただ中にいたので、実に濃い4年を過ごすことができました。下っ端の仕事からパーサーまで、エコノミークラスからファーストクラスまで、先輩CAたちの手ほどきのおかげで、他社さんのペースでは考えられない早さでさまざまな仕事を経験できました。

なので4年はある意味私にとって、十分すぎる時間でした。

いや、それ以上に、どこに行っても「国際のスッチーなんだって」と言われるのがイヤになっていました。

新人の頃は、それが嬉しかったのに、自我が芽生えたとでも言うのでしょうか。「肩書きとか、所属とか、関係ない。河合薫を見て！」という気持ちが募っていったのです。

それが、「自分の言葉で伝える仕事がしたい」などという妄想を駆り立てたのです。

でも、世間はそんなに甘くはありませんでした。

元スチュワーデス、帰国子女というだけで、ファックスすら送ることもできない、電話1本とることもできない、ビジネス英語も話すこともできない小娘を、雇ってくれるお人好しの会社はどこにもありませんでした。肩書きがイヤで辞めたのに、私は肩書きが持つ社会的価値を、自分の価値だと勘違いしていたのです。

日常会話ができるだけでは、帰国子女は強みにはなりません。帰国子女を強みにするには、日本語も英語も母国語にできる完璧なバイリンガルである必要があります。CAの経歴を強みにしたければ、サービスの基礎、コミュニケーションの基礎など、きちんと勉強した土台が必要不可欠です。どこからつつかれてもゆるがない**きちんとした知識と経験がない限り、経歴はただの履歴書。強みにはなりません。**

第6問

「自分の 言葉 で伝える？　出直してこい！」

「辞めます！」と明るく辞めたときの前向きな気持ちは、「自分の 言葉 で伝える？　チャンチャラおかしいね。出直してこい！」という冷たい世間の風に、木っ端みじんに吹き飛ばされました。

残ったのは、恥ずかしさだけ。ごく少数のホントに仲の良かった友人以外、私から連絡をとることもなくなりました。

以前、この話しを、教育改革実践家の藤原和博さんにしたところ、「大事な局面ではあまり計算しないほうがいいんだよ」と言われました。「計算して取引きしちゃうと、すごくこすいことになって、相手に足下を見られる。大事な決断であればあるほど、イチ、ニのサンで飛び込んじゃった方が、周りの人たちが助けてくれる」と。

確かに、そうかもしれません。民間の気象会社に潜り込めたのも、当時の社長が、最初の面接で不合格だった私を「こいつはおもしろそうだから」と再度面接してくださったからです。

再面接での社長とのやりとりを思い出しても、採用されたのが不思議なくらいです。

「キミ、スチュワーデスをやっていたそうだけど、何ができるの？」

「おいしいお茶だったら入れられます」

「お茶くみだけじゃ採用できないな（爆笑）。コピー取りはできるか？」

「コピーは自信がありませんが、体力はありますから何でもやります！」

「うちは朝4時からの勤務もある。アシスタントに来れるか？」

「はい！　ちゃんと来ます」

「じゃあ、明日から来なさい」

こんな具合です。


「ホラね、計算しないで、ここは勝負とかっこつけずに、相手の懐に入り込んだから、よかったんだよ」と藤原さんは笑っていました。

実際、私にはかっこつけている余裕などありませんでした。その頃の私は、世間の冷たい風に吹かれて「自分の言葉を持つには、専門知識を持たなきゃ」と漠然と考えていました。

そんなときたまたま読んだ新聞の小さな記事で、「気象業務法が2年後に改正されて気象予報士という資格ができる」ことを知り、ひらめきました。

「これだ！　これしかない！」と。

第6問
「自分の［言葉］で伝える？ 出直してこい！」

子供の頃に住んでいたアラバマ州はトルネードの通り道。ウェザーキャスターは子供たちに人気の職業で、「あのときのウェザーキャスターみたいに、自分の言葉で天気を伝えたい」という〝思い〟だけで、気象の知識など一切ないのに再面接に望んだのです。

商社マン時代、天候不良でタンカーが沈没したのをきっかけに脱サラし気象会社を立ち上げ、百戦錬磨で戦ってきた社長には、私の〝思い〟が伝わったんだと思います。ありがたいことです。この出会いがなければ、今の私はありませんでした。

〝思い〟なんて、ちっとも論理的じゃないかもしれない、

でも、それでもやっぱり**何事にも勝る最強の武器は、「強い思い」**なのです。

第7問

「資格なんてもんは、足の裏の米粒」

入社後の配属先は念願の「予報部」。天気のプロだらけの部署です。「体力採用」の私は、お恥ずかしいことに「なぜ、雨が降るのか？　なぜ、風が吹くのか？」さえ分かっていませんでした。素人以下です。

「このままでは、ただのお茶くみになってしまう」——。せっかく採用してもらったのに、日々そんな危機感だけが募っていきました。

先輩社員には、大学の一般教養の教科書の『一般気象学』という、気象の基礎が書かれた本を勉強するように言われました。

でも、私の現国力はゼロ。高校時代から、本を読むことを避けていたと先に触れましたが、大学生になっても、社会人になっても、その状態は続き、ファッション雑誌しか読んでいません。まったくもってお恥ずかしい話です。そんな私が、大学の一般

第7問
「資格なんてもんは、［足の裏］の米粒」

教養レベルの気象学の本など理解できるわけがない。文字を追えば追うほどカオスの世界に引き込まれ、失神しそうになりました。

そこで、図書室に行ってみることにしました。その会社には、お天気の本や資料が山ほど保管されている図書室があり、そこはお天気の知識の宝庫でした。

「これだけあれば、どこかに私でも分かる本があるはず」

そう考えたのです。

すると、あった、あった、ありました！ **「小学生向けの図鑑」**です。

そこで、この図鑑を教科書とする「穴あけ」勉強法が10年の時を超えて、復活したのです。

「穴あけ」勉強法で、最初に**何を教科書（＝原本）にするかは、思いのほか大切**です。考える力を高めるスタートラインにつくためにも、自分の強みを作るためにも、質のいい原本を選ぶ必要があります。

ただし、質がいい＝難しい専門書、ではありません。わたしが、小学生向けの図鑑を選んだように、背伸びをせず「これならできそうだな。やってみよう！」と思える、基礎知識が書いてあるきちんとした本を選んでください。

「リーダーシップについて学びたい！」と思っている方は、リーダーシップの基礎知識が学べる読みやすい本を、「経営の基本を知りたい！」という人は経営の基礎知識の本、資格取得を目指している人は、いきなり問題集から入るのではなく、その資格の基礎知識が書かれた本……といった具合です。

「きちんと勉強する」ことは、考える力の第一歩です。それは入り口でしかありません。どんな難関資格を持っていても、どんな難関大学で博士号を持っていても、**「その先」で何ができるか？　が勝負を分けます**。

きちんとした知識を、脳内キャッチボーで消化する。「知る」を「分かる」にして、**自分の強みを作る**作業が求められるのです。

例えば、気象予報士。

私が気象予報士第1号として〝ニュース・ステーション〟に登場してから、気象予報士の資格を持つ人たちが各局のニュース番組や情報番組のお天気コーナーに続々登場しました。

「アナウンサーになりたいから、気象予報士の資格を取りたい。テレビに出たいから

第7問

「資格なんてもんは、足の裏の米粒」

気象予報士になりたい。どうしたらなれますか？」

そんな相談を受けることが何度もありました。

ところが数年で、多くの気象予報士たちが、テレビの画面から消えていきました。

代わりにお天気を伝えたのは、〝かわいいお天気お姉さん〟。

かつて定番だった「今日は傘を忘れずに！　いってらっしゃ〜い」とやさしい笑顔で手をふる、お姉さんのお天気コーナーが戻ってきたのです。

なぜでしょう？

テレビのお天気コーナーに求められる役割は、「お天気キャスター」であって、気象予報士という資格ではない。上昇気流だの、気圧の谷だの、といった難しい天気の話じゃなく、「傘を持っていったほうがいいのか？」「残業するのと野外ライブのデート、どちらに行くのがいいのか？」「上着は必要か？　手袋はまだ早いか？」などなど、視聴者は生活に役立つ情報を期待しています。

気象予報士の資格を持っていても、持っていない人とパフォーマンスに違いがなければ、わざわざ資格取得者を起用する必要はありません。

笑顔を見るだけで嬉しくなるお姉さんに「いってらっしゃ〜い」と、送り出してもらったほうが視聴者は喜びます。

資格は基礎となる知識をインプットするためのプロセス、手段に過ぎません。基礎となる専門知識を、生きた情報に落とし込む。**求められるのは、知識を応用する力**です。たかが気象予報士、されど気象予報士。

「なるほどね！」と視聴者がうなずく情報が提供できて初めて、「気象予報士が伝える価値」が出る。

それが気象予報士ならではの〝強み〟です。

〝強み〟などというと、特別なモノと思われるかもしれませんが、強みは誰にもあります。

天才とは、99％の努力と1％の才能だ——。

これはエジソンの有名な言葉ですが、才能などない凡人の私たち（みなさんも巻き込んですみません）がせいぜいできるのは、100％努力して〝強み〟を磨くしかありません。よく「努力も才能」と言われますが、私はそうは思いません。**努力は誰に**

第7問

「資格なんてもんは、足の裏の米粒」

でもできる。毎日、コツコツ続けられる方法を見つけ、それが習慣になれば、結果的に「努力した」ことになる。その方法が、「穴あけ」勉強法です。

そこに、なぜ？　なんで？　なんじゃこりゃ？　と、穴をひたすらあけ続ければ、応用する力は確実に身につきます。

私は、この作業を、知識の **〝アメーバ化〟** と呼んでいます（方法は第3章で！）。

所詮、「資格なんてもんは、足の裏の米粒」。取らなきゃ気になるけど、取ったからといってそれで飯が食えるわけじゃないのです。

知識のアメーバ化を進めていると、目の前の知識を過去の経験と結びつけたり、「ああ、これってこういうことか」と既知の知識への置き換えができるようになります。いわゆる「**アナロジー**」というものですね。日本語では「類推」とも呼ばれます。アナロジーは「知識と知識」「知識と経験」をつなぐこと。アナロジーを効かせてうまくつなげられると、磨いた強みを活かすことができます（方法は第4章で！）。

「ニュース・ステーション」のお天気キャスター時代、毎週5分のお天気企画があったのですが、アナロジーは企画を立てるうえでとても役立ちました。

気象予報士である「私」がやるわけですから、「お天気」のエッセンスが組み込まれていないと意味がありません。どちらも、「アナロジー」の効かせどころです。お天気と無関係と思われるモノ同士がつながるほど、おもしろい企画になります。

「へ〜、そうなんだ」

「なるほど！　そういうことか！」

と周りを唸らせることができれば、大成功。

私は、「**風俗は学問に！　学問は風俗に！**」を脳内のおサルやウサギたちとの合い言葉に、企画を立てることを心がけていました。

企画は、自分の強みを最大限に活かせる最大のチャンス。私も、バイブルである穴あけ問題集を手がかりに、取材やロケ、実験などで、さらなるアメーバ化を進め、アナロジーを駆使し、5分間のステージをやり続けました。

健康社会学者になってからは、コラム、書籍、講演会などで、アメーバとアナロジーを最大限に駆使して、仕事（＝企画）を成立させるのに日々悪戦苦闘しています。

第2章

「穴あけ」すれば勉強の習慣が自然と身につく

第1問 穴あけ問題集では増え続ける知識が見える化される

社会人になってからの勉強は、結構、骨の折れる作業です。いや、正確に言うと「勉強を続けるのが難しい」のです。

実際、私もそうでした。「これなら分かる！」と、いい教科書（小学生向けの図鑑）に出会ったのに続かなかった。「今夜こそは、やろう！」とやる気満々の自分と、「ムリ。明日にしよう」と先送りしようとする根性なしの自分との戦いでした。

正直なところ、ルーティン化しやすい「穴あけ」勉強法でも、大学受験の時のように「勉強が仕事」でないので、勉強しつづけるのに苦労しました。そこで、ルールを2つ作ったところ、うまく「ルーティン化」に成功しました。

第1のルールは、「**毎晩、5分でいいから必ずやる！**」こと。

学生のときの経験から、5分あれば穴あけ問題を最低でも5個、うまくいけば10個ほど作れると分かっていたので、「5分ルール」を徹底しました。

受験生のときのように「深夜ラジオの時間」がないので、お風呂上がりにすることにしました。

お風呂上がりのタイミングであれば、そのあとに待っているのは睡眠だけ。「ム、ムリだ……」というときでも、5分だけ踏ん張ればなんとなる。とにかく毎日、歯磨きや、お風呂に入るのと同じように、穴あけ勉強の時間を生活に組み込みました。

第2のルールは、**常に穴あけ問題集を持ち歩き**、お天気に関して**学んだことや、気になったことを、毎日箇条書きで書く**ことでした。このときは学生時代の半強制的な受験勉強と異なり、自らの〝意志〟で始めた勉強ですから、あらゆる場面で知的好奇心が刺激されました。それらも穴あけ問題集のノートに書き込んでおけば、より多くの知識を覚えられると考えたのです。

2つのルールは、効果てきめん。「穴あけ」勉強法は、それ自体、比較的簡単にルーティン化ができるので、そこにルールという縛りを加えることで、確実なルーティン化に成功したのです。

とりわけ第2のルールは、ルーティン化以上の産物をもたらしました。

会社では、1日2回、朝と午後にお天気ブリーフィングがありました。当日の予報担当者が、天気図を解析した結果を紹介し、予報に関する見解を発表するのです。それに基づいて、雨の降り出す時間は？　ピークは？　どれくらい降るか？　警報が出る可能性は？　回復は早いか遅いか？　風は強くなるか？　雨か雪か？　などなど、お天気のプロたちがディスカッションします。

素人の私には、専門用語ばかりで分からないことだらけでした。

最初の頃、「気圧の谷ってなんですか？」と思い切って質問したら、「気圧の谷？トラフだよ、トラフ。リッジの反対」と返されたことがあります。

谷は英語でTrough《トラフ》。気象のプロたちは、私が「谷」という日本語が分からなくて質問したんだと受け止めていました。それほどまでに、基礎の基礎のことを知らない。私の気象の知識は、幼稚園生並みだったのです。

さすがに、質問の質の悪さを自分でも反省しました。せめて、気圧の谷が何か？くらいは調べてから、聞くべきでした。無知というのは、ホントに困ったものです。

第1問

穴あけ問題集では **増え続ける知識** が見える化される

まともな疑問すら湧いてこない。こんなレベルで、お給料をもらうなんて申し訳ないと反省しました。

でも、ポジティブに考えれば、お天気ブリーフィングは、最高のお勉強の場です。

そこで聞いたこと、分からなかったこと、気づいたことなどすべてを、穴あけ問題集と同じノートに書きとめました。分からなかったことは、あとで図鑑で調べる。図鑑だけで分からなければ、図書室に行って気象辞典で調べる。自分で調べてもよく分からなかったときは、勇気を出して周りのお天気のプロの方たちに質問する。それを繰り返したのです。

おかげで、知識がどんどんと増え、夜の穴あけ問題作りのネタも増え、穴あけ問題集がより充実したものになっていったのです。

ルーティンと言えば、ラグビー日本代表の五郎丸歩選手やプロ野球のイチロー選手が有名ですが、スポーツ選手のルーティンの目的は、「集中」と「平常心」を取り戻すこと。

一方で「穴あけ」勉強法をルーティン化する目的は、「脱不安」です。

「勉強をしたい」と欲求が高まっているときのいちばんストレスは、勉強ができないこと。もともと人間は生物学的に、周期性、規則性のある行動を好む傾向があります。起きる時間から消灯の時間まで、1日のリズムがあることで、肉体的にも精神的にも安定します。穴あけ問題集のルーティン化に徹底的にこだわり、〝生活の友〟にしたことで、私の不安はかなり解消されました。

当時の私は泣きたくなるくらい、不安で不安でどうしようもなくなることが度々ありました。勢いだけでCAを辞め、ずぶの素人で飛び込んだお天気の世界です。「この先、どうなるんだろう？　ちゃんと食べていけるんだろうか？」と時間が経てば経つほど、冷静になればなるほど、不安が強まりました。

でも、毎日、ちょっとずつでも穴あけ問題を作ったり、解いたり、気になったことをノートに記録していると、前に進んでいる実感が持てます。

不安の反対は、安心ではありません。**不安の反対は、前に進むこと**。人は前を向いて歩いているときには、無用な不安を抱きません。日々、**増え続ける知識が見える化される**「穴あけ問題集」は、私の不安を和らげる〝心の支え〟だったように思います。

第2問

トヨタの「5つのなぜ」も穴あけ問題です

さて、そこまでわたしを虜にした穴あけ問題集はどのように作るのか。「子ども向け気象図鑑」を教科書にした作成例を次頁に紹介します。

受験勉強のときは、名前や名称、年代など、ポイントがある程度絞られていましたが、何と言ってもこれから受けようとするのは第1回気象予報士試験ですから、どこが出るのかも一切わからない。なので、穴を作る場所は、その日の気分次第です。

えっ、それでいいの？

いいんです。なんとなく引っかかったところ、大事だなと思ったところ、覚えておこうと感じたところ……。それを穴あけ問題にしたのです。

結果的に「その日の気分」は、知識を増やすのにもってこいの手法でした。勉強するのは夜。同じ最低5分ルールを適用しても、そのときの気力によって穴のあけ方に

① 雲は［　　　］によって上層雲・中層雲・下層雲の3つのグループに分けられる。

答え：高さ

② 上層雲は［　　　］km付近にでき、氷の粒でできている。

答え：5～13

③ 中層雲は［　　　］km付近にできる。

答え：2～7

④ 下層雲は［　　　］km付近にできる。

答え：地上～2

差がでます。「ヘトヘトですが、なんとかギリギリ5分やりました！」というときには、「あら？　なんでここ？」とクビをかしげたくなる場所が穴あけになっている場合も。大切な文章を見過ごし、「ポイントはこっちでしょ？」とひとり突っ込みしたくなるくらい重要な語句や情報が、周りに潜んでいました。

そういうときは原本に戻って書き写した文章の前後を確認し、新たに穴あけ問題を作ればいいだけ。「？」を大切にする「穴あけ」勉強法では、「なんでここ？」といった変な穴あけ問題が、かえってあらたな知識を増やすうえで良問となるのです。

そうです。お手製穴あけ問題集のいい点は、何度でも原本に戻って新たな問題を作れば、その分だけ知識が増えていくところです。

さらに、穴あけ問題作りで重要なのは「なんだこりゃ？」という感覚を、常に大事に、見過ごさないことです。

「？」は、「なぜ？」でも、「なに？」でも、なんでもＯＫ。とにかく「ん？」と立ち止まる瞬間を逃さないのがポイントです。

72頁のお手製穴あけ問題も市販の問題集であれば、「上層雲・中層雲・下層雲」と「高さ」の知識だけで、問題が作られることはありません。

大抵の場合、このあとに続く10種類の雲を交えた問題になったり、気象衛星ひまわりに映る雲に関する問題のときに問われる知識です。実際、気象予報士試験でも、気象衛星ひまわりに関する問題の箇所に、これらの知識は含まれていました。

一方、私の穴あけ問題では、「上層雲・中層雲・下層雲」と「高さ」だけで4つも問題ができます。しかも、気象の素人だった私のアンテナは、雲の種別よりその「高さ」にピピときた。お天気のプロであれば、高さよりもむしろ「雲の種別」に注目します。前述したように、「上層雲・中層雲・下層雲」は、10種類の雲や気象衛星の機能の理解に役立つからです。

そんなことを素人が分かるはずありません。なので、私は「高さ」に反応しました。だって、いちばん高いところにあるとされる、「上層雲」が「たった13キロメートルまでしかない」だなんて、驚きだと思いませんか？

たった13キロです。自転車であれば、1時間もかからない距離です。

雲はもっと高いところにあると思っていたのに、「たった13キロなの？」と疑問が湧いた。

つまり、ここでの「？」は、「雲の高さ」です。

次に、「氷の粒」って書いてあるけど、なんで「上層雲」だけ氷なんだ？　中層雲は？　下層雲は？　と疑問が湧く。

ここでの「？」は「雲は何でできている？」です。

「地上〜2」って。「あれれ、地上って？　雲は浮いているもんじゃないのか？」と疑問が湧く。

ここでの「？」は、「地上の雲って何？」です。

原本である「図鑑」に戻ると、これらの疑問の解決の糸口が必ずあります。そこで見落としていた文章や単語を見直し、知識を集め、雲に関して書かれている本を探したり、写真を見たり、外に出て雲を見たりする。すると膨大な量の知識が増えていきました。

穴あけ問題集は、短い単文の穴埋め問題の羅列なので、とりわけひとつの単語に目が止まりやすい。長文だと流れていく言葉も、単文だと目に入りやすくなります。穴あけ問題集では、**知識の芽が「素通り」しません**。これが「穴あけ」勉強法の3つ目の特徴です。

気になる部分を切り出し、「？」がとことん理解できるまで情報を付け加えていくと、それは厚く、熟成され、深みのある知識へと進化します。どこから突っ込まれても、崩れない知識ができあがるのです。

ちなみに「？」を感じる感性というのは、企業経営でも重視されています。

トヨタの「5つのなぜ」は有名ですが、これぞ、「？」を大切にし、崩れない知識を社内で共有するための大切な作業のひとつでしょう。

元副社長の大野耐一氏が提唱したと言われる「5つのなぜ」は、すぐに思いつく答えを結論とせず、5回の「なぜ」を自問自答することによって、物事の因果関係やその裏に潜む真の原因を突き止めるのが、目的だそうです。

これを私なりに解釈すれば、しんどい考える作業を安易に終わらせない、と同時に、ひとつの問題をきっかけに知識を増やし、深化させることが狙いだと思います。

大野耐一氏は著書『トヨタ生産方式』の中で、機械が動かなくなったときを例に「5つのなぜ」を説明しています。

第2問

トヨタの「5つのなぜ」も 穴あけ問題 です

（1）なぜ機械が止まったのか？
　オーバーロードが掛かってヒューズがきれたからだ

（2）なぜオーバーロードが掛かったか？
　軸受け部の潤滑が十分でないからだ

（3）なぜ十分に潤滑しないのか？
　潤滑ポンプが十分組み上げていないからだ

（4）なぜ十分組み上げないのか？
　ポンプの軸が摩耗してガタガタになっているからだ

（5）なぜ摩耗したのか？
　ろ過器がついていないので切粉が入ったからだ

といった具合です。

文字にしてしまうと、明瞭簡潔になりますが、それぞれの「なぜ」の答えに行き着くには、考える時間と考えるための知識が必要です。ここで行われているのは、穴をあける作業と同じ。そうです。トヨタの「5つのなぜ」も 穴あけ問題 なのです。

機械の知識があれば、「なぜ機械が止まったのか？」と問われて、ヒューズがきれたんでしょう」くらいまでは、なんとか考えられます。もう少し知識がある人は、「オーバーロードが掛かってヒューズがきれたからだ」と考える。さらに知識のある人は、「軸受け部の潤滑が十分でないことが原因だ」などと思いつくかもしれません。トヨタでは新入社員のときから、「5つのなぜ」を習慣づける教育を徹底しているとか。

大野さんは、考え抜く作業のしんどさが分かっているだけに、そのしんどい作業を当たり前にすることが大事だと思ったのではないでしょうか。当たり前の習慣、ルーティン化が必要だ、と。だからこそ、新人のときからルーティン化させる教育に投資してきたのでしょう。

第3問 天気予報は推理小説のようなもの

「穴あけ」勉強法で大切なのは、考える力の基本である「なぜ？」を置き去りにせず、穴をあけた知識がきちんと分かるまで徹底的に穴を作り続けること。たとえ資格試験を目指していても、資格取得はゴールではなくプロセス。大切なのはその先で何ができるか？

問われるのは、資格を強みにできる応用力です。ゴールのために勉強しても、生き勝つのはムリ。ええ、ムリです。これは断言できます。

ちなみに私は、気象予報士試験の3カ月前まで、試験のための勉強は一切やりませんでした。試験に受かるためには傾向と対策が必要ですが、「穴あけ」勉強法で鍛えておけば、試験勉強の効率も上がります。

ひたすら気象の基礎のひとつひとつを、自分が消化できるまで「なぜ？」の解を、穴あけ問題にし、「知りたいこと」を「知る」のはホントに楽しかった。ひとつひとつお天気の仕組みが理解できるようになると、自分でも予報ができるようになり、これがまた新たな知的好奇心を満たしてくれました。

天気予報は、**推理**小説のようなもので「誰が、明日の天気の犯人か？」を天気図を手がかりに推理し、予報を組み立てます。

雨を降らす〝犯人〟、晴れにする〝犯人〟、強い風を吹かす〝犯人〟など、それぞれの気象現象に犯人がいます。容疑者はひとりではなく、複数名。しかもこっそり隠れていたり、容疑者のフリをしたただの通りすがりだったりもします。

そういった姑息《こそく》な手を平気で使う容疑者たちを、天気図を解析してあぶり出し、真犯人を決めていくのです。

「よし、こいつは今はまだ身を隠しているけど、凶悪犯だから明日には悪さをするだろう」となれば、明日の天気は雨。「いやいや、こいつは1人じゃ大したことできないだろう」となれば、明日の天気は晴れ。

どれだけ天気図を読み違えることなく解析できるか？　が腕の見せどころです。

犯人の当たりをつけた数時間後には、真犯人が分かるので、当たれば嬉しいし、外れれば悔しい。外れた場合には、何を見過ごしていたのか？　なぜ、空振りに終わったのか？　をもう一度天気図を解析したり、実況データを確認したりして、考えます。

この繰り返しをきちんとやっていけば、お天気の知識がさらに広がり、深まってい く。「**振り返る**」という作業はなおざりにされがちですが、そこにはたくさんのヒントが隠れているので、この作業は徹底的にやる必要があります。

私はお天気ブリーフィングのときに、穴あけ問題集の他にもう一冊ノートを準備し、毎日の天気図とともに、気象のプロたちが教えてくれた予報のポイントをまとめるようにしました。そのときのノートが82頁のものです。

そして、〝真犯人〟が分かったときに、ノートに貼った天気図やコメントを振り返ると、確実に〝探偵の腕〟はあがっていきます。外れた場合には、何が問題だったのか？　を、天気図片手にプロたちに教えてもらいました。

こういった地道な作業の繰り返しが、**土台＝強み**を強固なものにしていきます。実際、私はお天気図鑑の内容が理解できるようになり、無意識に避けていた日本語の本を手に取るようになりました。「お天気」の本ならいくらでも読めるようになりました。英語が話せなくても、「仕事の話しなら通じる」場合がありますが、それと似たようなロジックが働いていたんだと思います。

チンプンカンプンだった『一般気象学』もどうにか読めるようになり、気がついた

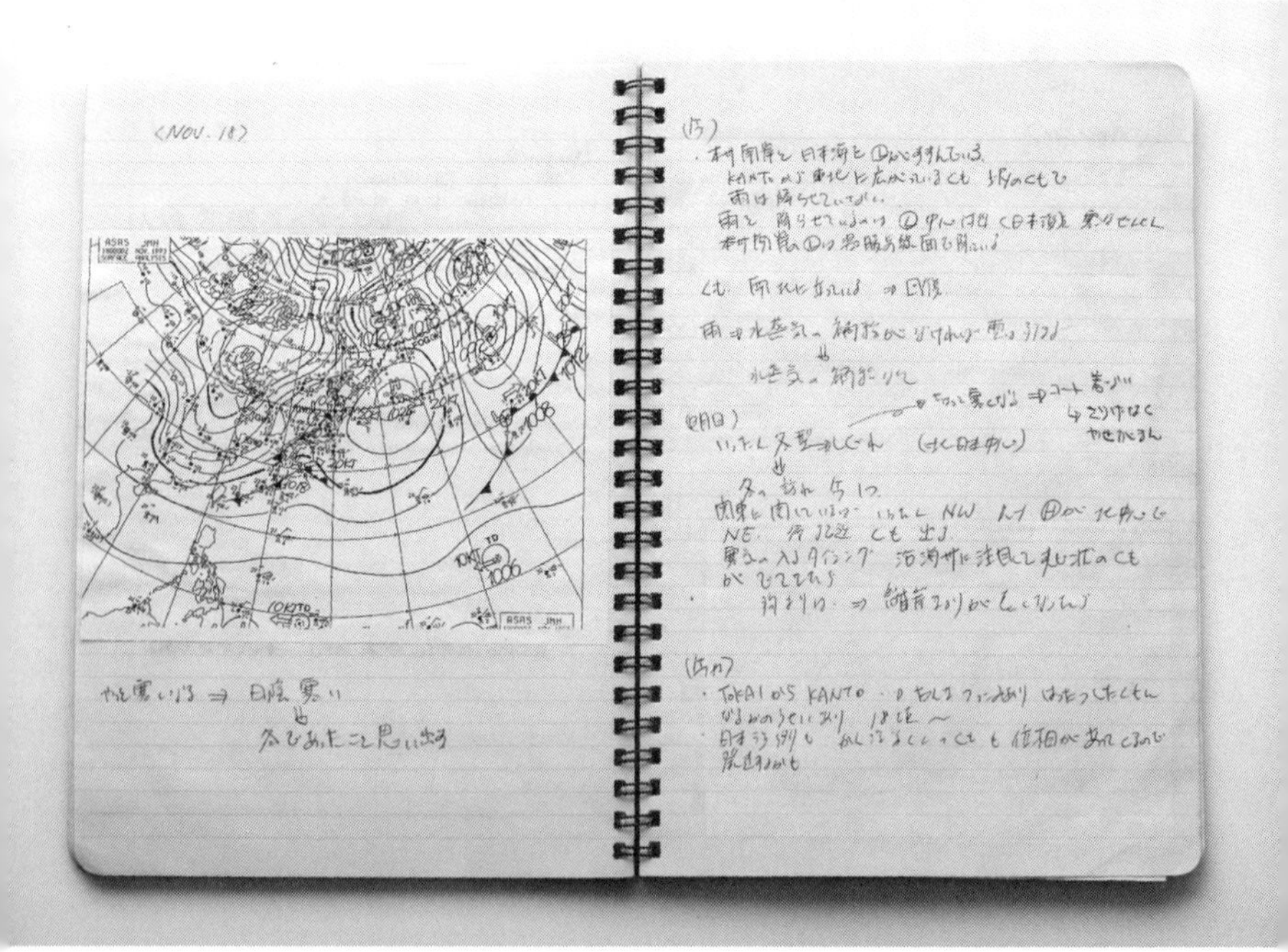

第3問

天気予報は［推理］小説のようなもの

ときには会社の図書室にあった膨大な数のお天気本をほとんど読み終えていました。これには私自身が、いちばん驚きました。

あるとき読んだ本に、「日本は寒冷化に向かっている」と書いてあって驚いたことがあります。だって世間では、温暖化が進んでいるのが常識。そこでお天気のプロに、「○○には、寒冷化に進んでいるって書いてありましたけど、どういうことなんですか？」と聞いてみました。

そうしたら、「薫ちゃん、それって１９６０年代に書かれた本なんじゃない？　出版年月日確かめてごらん」と、笑われました。

１９６０年代は、あちこちで大雪と冷夏が繰り返された時代で、世界的に氷河期到来が危惧されていたそうです。

この〝寒冷化事件〟で、本の鮮度＝発行日を確かめる重要性を学びました。

基礎的な知識は滅多に時代で変わりませんが、情報の賞味期限はそうそう長いものではありません。情報は常に更新されます。特に最近はネット社会で、原典に日付が入っていない場合も多いので、「いつ、どこで、誰が書いたものか？」は、常に気をつけなければなりません。

鮮度がものを言うのは、「なぜ？」も同じ。**「なぜ？」と感じた瞬間を逃してはダメ**。

「あとで」と後手に回した途端、永遠に「あと」はやってきません。

なぜ？　の鮮度のために、穴あけ問題を常に持ち歩くクセをつける。

「？」と感じたら、その場で「？」を書く。鮮度が保たれているうちに、「なぜ？」を調べる。新たな穴あけ問題も、鮮度が落ちないうちに作るのがおすすめです。

さらに「明日まとめて、解こう」と1日でも、穴あけ問題を解く作業をさぼると、さぼりクセがつきがちです。

私は毎朝、家を出て駅につくまでの歩いている時間で、その日やることのラフなタイムスケジュールをイメージするようにし、前の晩作った穴あけ問題を解く作業を、タスクにしました。それだけで、おさぼり、を回避できたように思います。

いったんルーティン化に成功しても、1回の「おさぼり」で崩れてしまうのは珍しくありません。繰り返しますが、「穴あけ」勉強法には、ルーティン化しやすい要素がいくつも含まれています。でも、さぼりの魔の手は、そのプラス要素をいとも簡単になし崩しにするパワーを持っています。なので、ありとあらゆる方法で、ルーティン化にこだわる必要があるのです。

歯磨きや顔を洗うのと同じように、穴あけ問題を解かなきゃ気持ち悪いくらいになれば、もう安心です。さぼりの魔の手に引きずり込まれることはなくなります。

ちなみに、私は休日も平日と同じように、空いた時間を最大利用しました。

彼氏とデートするときにも、「ちょっと問題出して」と穴あけ問題集から問題を出してもらうようにしました。学生時代にクラスメートと問題を出し合ったように。

デート時間を空いた時間だなんて、怒られるかもしれませんが、天気は24時間365日年中無休。人生の中には、ふんばらなきゃならない時期があって、「恥ずかしい」とか、「カッコ悪い」とか言ってたらダメ。

ルーティン化に、恥じらいは禁物です。

第4問 キャリアの節目が10年

「穴あけ」勉強法では、ノルマを作ることも重要です。目標ではなくノルマです。

1日のノルマ、1週間のノルマといった具合に、決めていきます。ページで決めるのもよし、単元で決めるのもよし。とにかくやるべき勉強の目安や範囲を決めておくことは、意識を高めるうえでも有効な方法です。

日常の業務の中で考える力が求められるときは、大抵そこに解決すべき問題が存在するときです。当然ながら、解決すべき課題には決められた期限がある。つまり、自分で時間をコントロールするスキルも、考える力を身につけるうえでは必要です。

穴あけ問題でも、時間を意識する訓練をしておけば一石二鳥。**できることはすべてやる**。これは勉強するときの鉄則でもあります。

ノルマを達成すれば、それが自信にもなる。

「この間できたんだから、今回だってできる」――、といった具合に自分の行動に自信を持つことができます。

この感覚は、「自己効力感（＝self-efficacy）」と言います。自己効力感は人間の持つ感覚の中で、極めて大切です。人は「できる」と信じるからこそ「できる」。「私にはムリ」と思っていては、できることもできなくなってしまいます。

私は「自分の言葉で伝える仕事がしたい」とＣＡを辞め、言葉を持つ足がかりとなるお天気の世界に入ったわけですが、実はお天気の扉を叩く前に、同時通訳の専門学校に半年ほど通っていました。

当時の私は「自分の言葉で伝える仕事がしたい」などと妄想を抱き、ＣＡを辞めてみたものの、「自分の言葉などなかった」ことに気づき、「んじゃ、英語を話せるから同時通訳の勉強でもしてみるか〜」などと軽い気持ちで同時通訳の学校に入りました。「自分の言葉を持つには、何か専門的な知識が必要だ」と漠然と考えていた時期で、「とりあえず同時通訳」などと若気《わかげ》の至《いた》りで考えたのです。

ところが、です。何と最初の授業で、「プロの同時通訳になるには10年かかる」と先生にくぎを刺されてしまったのです。

正直、がっかりしました。「マジ？ そんなの、授業料を払い込む前に言ってよ」と。でも、そのひと言のおかげで「自分は英語は話せるけど、別に英語で生きていこうとは思っていない」と気づかされました。その後、お天気の世界に入ってからも、「よし。今から10年。10年後に〝何者〟かになれていればいい」と、自分に時間的猶予を与えられるようになりました。

CAだったときには、「石の上にも3年。3年間は最低でもやらなきゃ、『CAやってました』なんて言えない」と考えていました。でも、あの通訳学校の先生のひと言で私の中でのキャリアの**節目**が10年になりました。

10年で1人前。自分の言葉を持つためには10年かかる――。

こう考えることでじっくりやろうという気にもなったし、自分の思い通りにいかないときにも、「今はまだ、何者にもなれてないけど、10年の間になれればいい」と考えると、楽になりました。「まだ8年ある」「まだ5年もある」「あと3年ある」。そう自分に言い聞かせることで、乗り切ってきたようにも思います。

10年と考えれば、**資格取得はその通過点**と考えることができるはずです。

そう。通過点です。プロセスのひとつ。土台作りのための通過点です。

お天気図鑑からスタートした、お天気キャスターへの道のりでしたが、周りの方たちのサポートのおかげで「キミは普通だったら5年はかかることを、1年でやってるね。胸を張っていいよ」と言われるまでに、気象の知識を深化させ、天気予報ができるようになりました。

ただ、どんなに気象のプロの大先輩たちが太鼓判を押してくれても、気象大学校も出ていない私を、世間では誰ひとり、「気象のプロ」と認めてはくれませんでした。

ところが一夜にして、私は誰もが認める「気象のプロ」となりました。

1994年、第1回目の気象予報士試験に合格し（合格者は500名。うち12名が女性）、その夜の「ニュース・ステーション」に、「気象予報士第1号」として生出演しました。世間が私を「気象のプロ」として認めてくれることになったのです。

「ニュース・ステーション」では、初めての気象予報士試験に合わせて、1週間の「気象のプロの天気予報企画」があり、私はその記念すべき1回目に登場させてもらったのです。

わけも分からず生放送に出演し、MCの小宮悦子さんに（久米宏さんは夏休み中でした）、個人的なことをいろいろ聞かれました。前職のCAのこと、民間の気象会社でのこと、これからやりたいことなど、です。

インタビューのあと、最後に翌日の予想天気図が描かれたフリップを渡され、「では、気象予報士第1号の河合薫さんに、プロの天気予報をお願いします」と小宮さんに言われ、突然、アップで私の顔が映し出されました。

実は私、その瞬間に、それまでのド緊張がほぐれて、**ホッ**としたのです。

「いつもやっているとおり、やればいいんだ」

そう思ったからです。気象会社では、すでにお天気ブリーフィングを担当させてもらっていたし、顧客の建設会社や役場などに出向いて、天気予報を任されていましたので、「いつもどおりやればいい」と思えました。

おそらくそういった経験と「ちゃんとやってきたんだ」という自負と、「きちんと予報できる」という自己効力感が、天気予報に活かされたのでしょう。そのときの天気予報は、視聴者に伝わる生きた予報になりました。

オンエアの後、「さすが気象予報士だね」とスタッフの方たちに言われたり、知人からは「いつの間にあんな予報ができるようになったの？」と電話が何本もかかってきたりしたことが懐かしく思い出されます。

数日後、番組プロデューサーから連絡があり、私はテレビ初の気象予報士お天気お姉さんとなりました。

「自分の言葉で伝える仕事」のチャンスをつかむことできたのです。

「ラッキーですね」

この話をすると、よく言われます。

確かに、ラッキーと言えばラッキーなのかもしれません。

でも、そのラッキーな出来事の引き金は、「自分にある」のではないでしょうか？

もし、私がただ気象予報士だけを目指して勉強していたら、合格発表当日の出演は「そういうこともあった」という単なる過去の出来事になっていたに違いありません。

日々のノルマを決め、毎日きちんと勉強したこと。

大きなノルマを決め、「まだまだ、これから」と考え、日々、目の前の作業に没頭したこと。

その繰り返しの結果、「未来」に光が灯ったのです。

実際にはどういった経緯で、「私を使おう！」となったのかは定かではありません。

でも、100人以上いるスタッフの何人かに、私の言葉＝天気予報が届いたんだと信じています。「ああ、ちゃんとやってるな。きちんと勉強してるな」。そう認めてくれた人がいたんだと思います。

チャンスの神様は、前髪にしかいないと言います。それをつかむには、きちんと勉強するしかない。チャンスを生かすも殺すも、自分次第。きちんとやっていたか、どうかで「未来」は決まるのです。

第5問

研究室は博士号を持つ研究者の育成が目的

ＡＮＡのＣＡ時代は準備体操、気象予報士に合格したことでスタートの旗が振られ、「ニュース・ステーション」が第1コーナー。ＴＢＳの情報番組のＭＣが第2コーナー。「あれ〜、第3コーナー見えてこないな〜」と思っていた先に、大学院受験がありました。次に、どんなコーナーが出てくるのは分からないけど、とにかく走り続けよう。そう思っていました。

そうなんです。「転職の女王」とか、「さまざまな経歴を持つ」といった形容詞をつけて紹介されることがあるのですが、私の中では「一本道」。ひたすら目の前のことをやり続けているだけで、ステージが変わっていっただけです。

お天気キャスター時代に「お天気と身体の関係」に興味を持ち、独学で生気象学《せいきしょうがく》を勉強していました。晴れると気分がいい、雨が続くとウツっぽくなる、低気圧が近づいてくると古傷が痛む……。私たちの心身状態は、お天気に左右されます。この因果関係を科学したのが、生気象学です。古くはヒポクラテスから始まり、ドイツを中心に発展した学問です。

8年間のお天気キャスター生活の中で、生気象学を学ぶうちに、お天気以外の環境要因と心身の関係性について興味が湧いてきました。働くこと、人間関係、収入、雇用環境——。それらが心に与える影響について、「自分の言葉」を持ちたいと思うようになったのです。

そこで一念発起し、東大の大学院を目指すという目標を立てました。これが地獄の入り口とは知らず、このときも「1、2、の3」で飛び込みました。

さて、ここで再び、「穴あけ」勉強法です。

大学院入試の**受験勉強の期間は、わずか2カ月**。仕事と睡眠時間をのぞいた900時間のほとんどを大学院受験に費やしました。穴あけ問題集を最大活用したのは、言うまでもありません。

「この研究室に行きたい」と健康社会学教室の扉を叩いたのが、5月末。

第5問

研究室は［博士号を持つ］研究者の育成が目的

研究室を訪問したとき、山崎喜比古先生にこう言われました。

「博士課程に進む気はあるんですよね？　うちの研究室は、［博士号を持つ］研究者を育てることを目的にしています。純粋な院生でも、修士論文を仕上げるのは至難の業です。ましてや博士課程進学を目指すには、修士論文で高い評価を受けなくてはなりません。仕事と二足のわらじを履きながらできるような研究室ではありません。8月に入試試験がありますが、足切りがあるし社会人枠もありません」

門前払いです。

なんせ当時の私は、ただ修士課程に進学することしか考えていませんでしたし、二足のわらじを脱ぐなんて気持ちはさらさらありませんでした。

受験に足切りがあることも初耳でした。

そこで、先生に持参してきた自分の著書を渡して、研究室を後にしました。

「この本にまとめた生気象学をやっていたのがきっかけで、環境要因と心身状態を科学する健康社会学に興味を持ったんです」と。

そのときは二度とこの研究室に来ることはないだろうと思っていました。

ところが、それから数日後、先生からメールが届きました。

「あなたの著書を読みました。実におもしろかった。健康社会学は、『生きる力』の学問です。あなたのように経験がある人は、きっといい研究ができる。入試は2カ月後の8月ですが、ビリでもいいのでがんばって受かってください。詳しい勉強のやり方は、院生から連絡させますから、とにかく食らいつきなさい。期待しています」

想定外のメールに驚きましたが、素直に嬉しかった。

「よし、やってやる！　やるしかない！」

そう覚悟しました。

そこで穴あけ問題集を作成し、8月までに足切りラインとなる医師国家試験レベルの知識を習得しようと決めたのです。

当時、私はＴＢＳの朝の情報番組を月曜から金曜まで担当していました。朝2時に起きて局に入り、本番が終わって8時に退社、という日々。なので、眠い、というのを無視すれば、1日フルに勉強できる。そこで番組が終わると、国会図書館に行き、医師国家試験レベルの穴あけ問題を午前中作り、コンビニでおにぎりを買って食べ、午後から穴あけ問題をひたすら解き続ける。これを**ルーティン**にしました。

死にそうでした……。

医学とは無縁の人生を送っていたので、まず言葉が分からない、漢字が読めない、参考書が鬼のように分厚い……の三重苦でした。

褥瘡とは［　　］。

コレ、分かります？　私には全く分かりませんでした。褥瘡とは「じょくそう」。

じょくそうとは［　　］のこと。

読めるようになっても、意味が分かりません。じょくそうとは床ずれのこと。

わけの分からない難しい言葉が、医師国家試験の問題集には当たり前のように並んでいるのです。

難しい言葉だらけでビビリましたが、門扉を開け、背中を押してくださった先生、修士論文執筆で多忙な中で、試験対策となる本や過去の問題集を教えてくれた先輩方に報いるには、精一杯がんばるしかありませんでした。

得意のはずの英語論文もテクニカルタームが多すぎて、ちっとも理解できません。勉強漬けのひと月が過ぎ、その時点でまだ半分も勉強が終わっていませんでした。

でも、ウダウダ言っている暇はありません。「どうしよう」って悩むくらいなら、「一問でも多く解け！」とばかりに、無心で勉強しました。

残り2週間になっても参考書の半分近くが手つかずで、「まずい。これじゃ合格なんてムリだ」と焦りました。

そこで、「2週間くらい寝なくても、死にはしないだろう」と腹をくくり、生放送のとき以外の時間は、ほぼすべて勉強にあてました。

え？　いやいや、寝ないといいながらも、実際にはちゃんと寝ています。でも、気持ちは「寝なくても死にゃあしない」とラストスパートをかけたんです。

試験前日。やはりまだ開いてもいないページがあったのですが、「ここまできたら後は、神頼みだ！」と、近所の毘沙門天《びしゃもんてん》へお参りに。

なんと、そこで**人生初の大吉が〜〜〜！**

試験当日は、英語論文からでした。

す、するとなんと、第1問は、「economy class syndrome（エコノミークラス症候群）」と「jet lag（時差ボケ）」だったのです！　「これなら分かる！」とストーンと入り込み、試験が終わったときは、「これは何年かけて勉強しても結果は同じだ」

と思えるほど、集中できました。

試験問題が飛行機関連だったのは、これぞ「運が良かった！」のだろうと思います。

でも、その後に待ち受けていたのは、さらなる地獄でした。「学問に王道なし」という言葉どおり、「ちゃんと勉強する」道を歩く以外、前に進むことはできませんでした。仕事をしながらの受験勉強、合格してからの修士論文執筆、さらには博士号を取るために、ひたすら勉強漬けの日々を過ごしました。

地獄の日々は、修士号取得、博士課程進学、博士号取得までの計5年間続き、家に帰る途中にコンビニに立ち寄る余裕もないほど、物理的にも、精神的にも、追い込まれました。

「なんでこんな大変な思いをしてんだろう。お天気お姉さんのままでいいじゃん」

そう思うこともありました。すると脳内のおサルが登場し、「それで食っていけるのかよ？」とたしなめる。

しんどさから逃げたい自分と、将来が不安な自分。感情が割れまくり、グチャグチャでした。

でも、そんなときにはいつも、「1、2の3」で、飛行機から飛び降りたときの気持ちを、思い出すことにしていました。そうすると、「辞めるのはいつでもできる。だったらもう少しがんばろう～」と、再び前を向いて歩くことができました。

思い起こせば、そんなときにいちばん役に立ったのが「穴あけ問題─気象編」で鍛えられた考える力です。アカデミズムの世界でも、やはりきちんとやることが何よりも大切でした。きちんと勉強する。勉強して知識を増やす。「なぜ？」「何？」「ん？」と立ち止まる瞬間を逃さず、〝強み〟の土台を強固にする。そうやって初めてスタートラインに立つことができます。

これまでの人生の中で、こんなにも考える力を求められた経験はありませんでした。

進学した半年後には、「修士で終わったら、研究者の卵でしかない。博士号まで取らなきゃ意味がない」と思うようになり、博士課程に進学。博士号取得に至らず、満期退学をする人たちが大多数を占めていた東京大学大学院医学系研究科で、私は博士号取得にとことんこだわりました。

「絶対に博士号をとらなきゃ。そうしないと、世間の人たちは『お天気お姉さん』としか見てくれない。第3コーナーを曲がりきれない」

気象予報士のときの経験から、資格の価値が分かっていたので、不安と確信が博士

第5問

研究室は［博士号を持つ］研究者の育成が目的

号取得のモチベーションになったように思います。

世の中は異常なまでに、属性や肩書きで評価します。

大学院に進学してから、「東大」というだけで仕事が増えたり、「東大」というだけで好意的に私を評価してくれるようになった人はたくさんいました。「世の中の人って、こんなに東大ブランドが好きだったんだ」とうんざりしたほどです。

とはいえ、博士号も、所詮、〝足の裏の米粒〟。取るまでは気になってしょうがないけれど、取ったところで生活の糧になるわけじゃない。でも、それがあるからこそ人が認めてくれる。たかが資格、されど資格。

属性＝自分ではない。でも、他人が自分を知る入り口にはなります。ええ、そうです。入り口です。その扉の先で、何ができるか？　それはお天気の世界でも、アカデミズムの世界でも、まったく同じでした。

どんな世界でも、最後には、**考える力が求められる**のです。

ルーティン化の極意

- 「寝る前5分」を徹底せよ！
- 穴あけ問題集は常に持ち歩け！
- 通勤電車、トイレの中、デート中でも問題を解け！

ルーティン化に恥じらいは禁物である

第3章

「穴あけ」からアメーバ化で知識を応用できる

第1問

徹底的なアメーバ化でストレングスを磨く

どんな仕事でも、「ここで決めなきゃ！」という関門があるものですが、そこを通過できるかどうかを決めるのが、**「知識のアメーバ化」**です。

「アメーバ」という言葉は、ギリシャ語で「変化」を意味するαμοιβη(amoibē)に由来し、変幻自在な変な不定形のものをさすときに使います。ひとつの知識を次々と壊し、分裂させ、知識を噛み砕くプロセスを、私は「知識のアメーバ化」と呼んでいます。

アメーバは、「一生の内で二度と同じ形を取らない」と言われるように、次々とカタチを変え、人によって変わり方が異なります。アメーバ化に、個人の志向性、価値観、専門性が反映されるのです。アメーバ化で知識が深化すると、自分色に知識が進化し、基礎を応用する力が養われます。

気象予報士第1号お天気キャスターとしてレギュラーになった私が、すぐに飽きられることなく4年も出演し続けられたのも、アメーバ化の産物だと思います。

私の最初の関門は、レギュラーになって半年後に訪れました。

プロデューサーから、「**河合、台風をやれ！**」と台風報道を任されたのです。


当時は、台風になると気象庁の男性予報官が出て、ホワイトボードの前で解説するのが通例でした。なので私は、「自分の存在価値が試される」と思い、「台風をまともに伝えられなきゃ、気象予報士でいる資格はない」と覚悟しました。

あとから聞いた話しですが、実際番組の会議でも「気象予報士と言えども、ホントに河合で大丈夫なのか？」と心配する人たちが多く、私にやらせるかどうか、かなりもめたそうです。

私自身、その空気は肌でヒシヒシと感じました。

なんかピリピリしているというか、「ホントにできるのかよ」と、見下されているというか。「がんばれ！」という応援とはちょっと違う、なんとも言葉にしがたい不穏な空気が、スタッフルームに漂っていたのです。

オープニングテーマとともに、画面に久米宏さんと私のツーショットが映し出され、「最初に台風情報を、気象予報士の河合薫から」と振られたときは、ものすごく緊張しました。身体の隅々までビンビンに神経が張りつめていたからでしょうか。アノときの感覚は、20年たった今も、鮮明に覚えています。

オンエアでは、「どうすれば台風接近の切迫感と、去ったあとの安心感を伝えられるか？」をとことん考えました。そこでたどり着いたのが、**「雨・風予報」**です。

台風の進路予想図に加え、「自分の住んでいる場所」の雨と風のピークが一目で分かるように、日本列島を強度で色分けし、0—6時、6—12時、12—18時の順番で、画面に映し出したのです。気象庁発表の進路予想図と予想天気図、雨と風の実況から私が予測し、画面に取り込んでもらったのです。

今では気象庁のスーパーコンピューターがちゃんと作ってくれるので、当たり前のように、普段の天気予報でも使われていますが、その当時は私だけが使っていた、私のオリジナル予想図です。

番組放送後、プロデューサーはじめ、多くのスタッフが「あの雨マップは、分かりやすかったな〜」と評価してくれました。心底ホッとしました。ものすごくうれしかった。達成感もめちゃくちゃ持てました。

台風をアメーバ化する

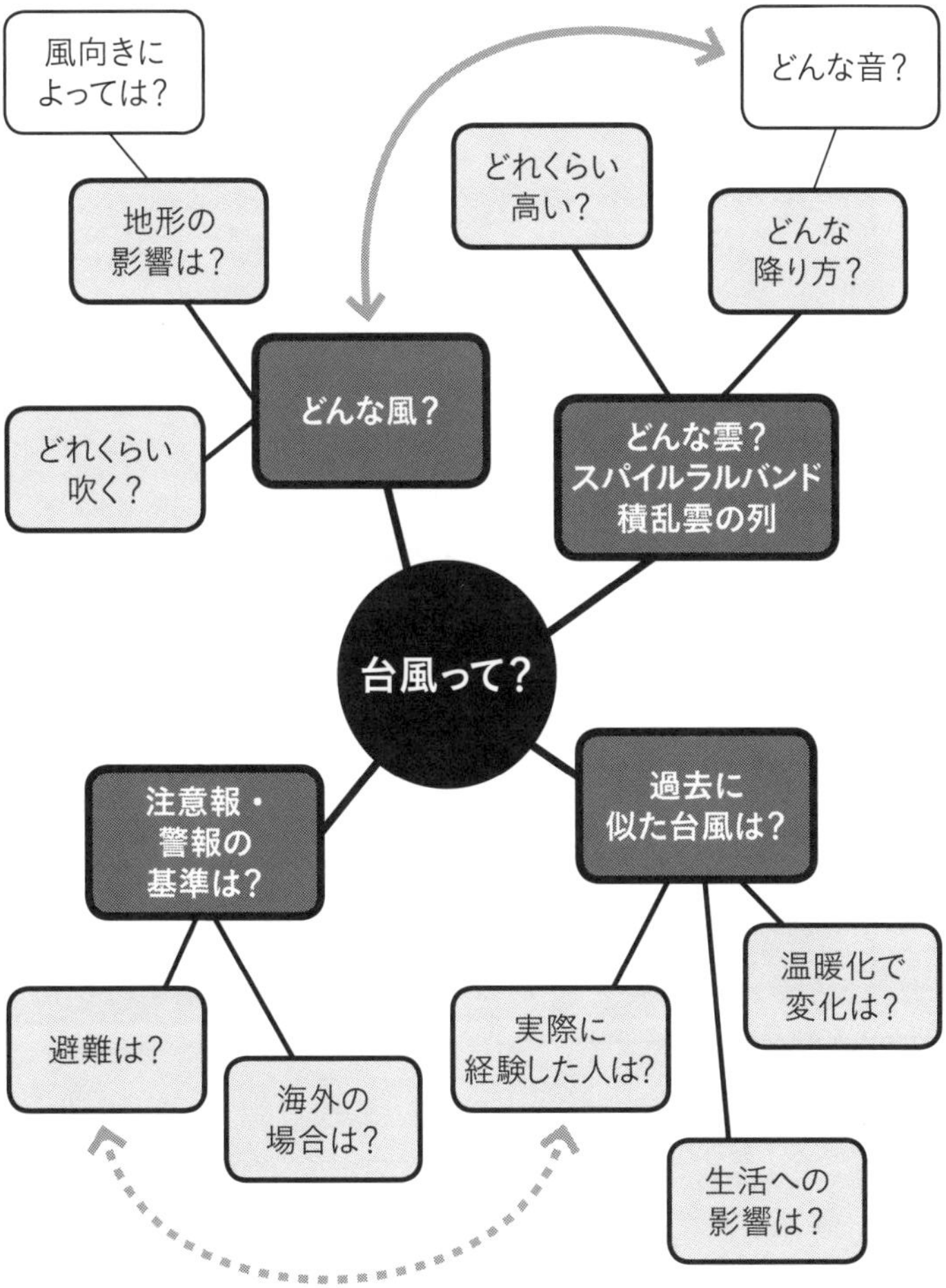
台風って?
どんな風?
地形の影響は?
風向きによっては?
どれくらい吹く?
どんな雲?スパイルラルバンド積乱雲の列
どれくらい高い?
どんな降り方?
どんな音?
注意報・警報の基準は?
避難は?
海外の場合は?
過去に似た台風は?
実際に経験した人は?
温暖化で変化は?
生活への影響は?

「やっと、1人前の気象のプロとして認めてもらった」
そう感じました。お天気キャスターになって良かった、気象予報士になって正解だったと、心から思いました。

雨と風のピーク予想図を考え出せたのは、台風の構造、台風のときの雨の降り方・風の吹き方、台風報道をするときのルール（気象庁発表のものを使わなくてはならない）、台風予報の注意点（最悪の状態を考える）、人々を「もう大丈夫」と安心させることの大切さ、など、さまざまなアメーバ化ができていたからです。
お手製の穴あけ問題集で徹底的に基礎を叩き込んで、知識を消化し、自分の血肉にできていたからこそ、「これで行こう！」と自分MAXのパフォーマンスを発揮できました。

お天気キャスターの最大のミッションは、防災報道です。台風ひとつ視聴者に伝えることができなくて、どうする？　信頼できる情報と、安心感を発信できなきゃ、お天気キャスターでいる意味がない。つまり、私にとって台風報道は、自分がそこにいる意味を示す最大かつ最高のチャンスであり、私自身がここにいる意義を確かめる機会だったのです。

台風報道以来、周囲の私への信頼度は急上昇したように感じます。

と同時に、「分かりやすく伝える」ことが、私の強みであり、ミッションとなりました。

「強み」は、心理学では「ストレングス（strengths）」。「ポジティブ心理学の祖父」の異名を持つ、米ギャラップ社の元会長ドナルド・O・クリフトンの定義に従えば、「繰り返し現れる思考、感情、および行動パターン」で、「何かを生み出す資質」です。

人によってカタチが変わるアメーバ化は、「自分のストレングスを磨く」ための最高のツール。ストレングスは、生き勝つための武器として、すべての人の内部に宿っています。

分かりやすい人、おもしろい人、趣のある人、古典的な人、数字をうまく使う人……。それぞれの強みは何か？　アメーバがその答えを教えてくれるのです。徹底的なアメーバ化なくして、自分の内部に宿るストレングスは引き出されない、磨かれない。

「河合薫、と言えば、分かりやすく伝えてくれるお天気お姉さん　と言われるくらいになれ！」と、プロデューサーから事あるごとに言われました。

難しいことを難しく伝えるのではなく、難しいことをやさしく、分かりやすく――。

かといって「分かりやすく伝える」ことが常にできているわけじゃありません。「あ～、ダメだ。まだまだ修業が足りない」と反省することもあれば、「分かりづらいなぁ～」と人に指摘され、落ち込むことだってある。でも、私から「分かりやすく伝えよう」という意識が薄れたとき、仕事は激減すると思います。

それは気象学から健康社会学へと専門分野は広がった今でも、同じ。天気予報も、コラム執筆も、テレビなどでのコメントも、常に「分かりやすく」を心がける。「河合薫で行こう！」と選んでもらうために、アメーバ化を徹底し、分かりやすく伝えるように努力することが肝心なのです。

第2問

「知る」は平面的、「分かる」は立体的

穴あけからアメーバ化へ。それは**基礎知識を徹底して叩き込む**ことから始まります。穴あけ問題の「原本」の重要性はすでに書きましたが、アメーバ化の成功と失敗を分けるのは原本選びです。とにかく、目的に応じて原本を選ぶこと！

- 資格取得や大学院入試を考えている人は、教科書や参考書
- 転職やキャリアチェンジなど、将来に向けて勉強したい人は、その分野に関連する基礎知識となる本
- 「何から始めたらいいか分からない」という人は、今、いちばん「勉強したい」ことが書かれた本
- その他

イメージとしては、大学の一般教養レベルの教科書です。もちろん私がそうだったようにずぶの素人には、それでは理解できません。難しい本を選ぶ＝考える力が鍛えられる、とはなりません。小学生向けの図鑑でもいいし、高校生向けに書かれた本でもオッケー。

難しい本ではなく、自分にとって分かりやすい本を選んでください。

ありがちなのが、基礎知識ではなくスキルやテクニックが書かれた本を選んでしまうケースです。これだと知識が貧弱になるばかりか、アメーバの広がりが限定的になり、応用する力が身につきません。

例えば、自分の技術を活かして、将来ベンチャー企業を立ち上げようと思っている場合、「起業」に成功した人のサクセス本、経験者のスキルやテクニック本、起業セミナーなどで使った資料や参考書を選びがちです。でも、これらは原本には向きません。資格取得や受験の場合も、過去問や、試験の傾向と対策本（＝スキル、テクニック本）はＮＧです。

スキルやテクニック本は、一見魅力的です。書き手のサクセスストーリー（＝経験）があるので、「やるべきこと」がイメージしやすい。すぐにでも実践できるので、

「よし、やってみよう！」という気持ちにもなります。

しかしながら、これらは枝葉に過ぎません。その人が成功した背景には、必ずやきちんと勉強しているという事実（＝幹）があります。その上での、スキルやテクニックです。強みの土台は、基礎知識があってはじめて強固な幹になります。経験は、あとから加えれば十分です。

基礎知識が穴あけに適しているのは、そこに書かれている内容が「◎」だからです。◎は最初から◎だったわけじゃない。最初は▲だったものが、研究者たちの手によって、○になり、さらに時代を経て◎になったもの。

つまり、◎の土台には、広く張り巡らされた根っこが存在します。穴あけ問題を解く過程で、「？」を大事にしていけば、その根っこにたどりつけます。

「雲は上昇気流のあるところに発生する」という、わずか17文字の知識が、膨大な何百文字もの知識になる。平面的な知識が、立体的に理解できるようになります。

穴あけ問題で説明しましょう。

Q. 雲は［　　　］のあるところに発生する

A. 上昇気流

この一文から、最初に「上昇気流って何?」という「?」が湧いたとしましょう。

一般に気象の基礎知識が書かれた本では、「雲は上昇気流のあるところに発生する」という文章の単元に、次頁のような目次立てで基礎知識が書かれています。

大抵、上昇気流の記述は「6」の雲粒のあたりで登場します。「上昇気流って何?」となれば、1〜5までの知識を関連づけて振り返ることができます。これが、**アメーバの第1段階で**す。

復習が終わると、最初に勉強したときには、思いつかなかった「?」が生まれることがたびたびあります。これが、**アメーバの第2段階**です。

例えば、気温減率が書かれているところでは、「上空にいくほど気温が下がるしくみ」が説明されているので、「なぜ、太陽から遠い地面のほうが温度が高いのか?」といった新たな疑問が湧いてくる。

そこで今度はその理由を、調べていくと「オゾン層」の存在や、「地球の地軸の傾き」などの知識にたどり着く。

「?」が続けば続くだけ、アメーバ化が進んで知識が深化し、上昇気流が立体的に分かる「ストーリー」ができあがるのです。

第2問

「知る」は 平面的 、「分かる」は 立体的

1章　降水のしくみ

1　水の三体（気体・液体・個体）

2　飽和水蒸気量

3　相対湿度

4　気温減率

5　乾燥気温減率

6　雲粒

7　雲の種類

8　気圧

9　低気圧・高気圧

10　低気圧の種類

11　前線

12　前線の種類

13　気圧傾度

より多くの「？」が生まれ、13項目の基礎知識が増々深化する。知識の幹が太くなっていくのです。

すると、「冷たい水を入れたグラスにできる水滴」から、雲の話ができたり、天気図に書かれている「低気圧」から、さまざまな話しが展開できる。いくつものストーリーを自分の言葉で語ることができます。穴あけの「？」を徹底的につぶして行けば、応用力はどんどん高まり、強みが磨かれていきます。

いかなる分野であれ、基礎知識が書かれた本を原本にすれば、本に書かれている内容を隅々まで網羅できるのが、「穴あけ」勉強法です。たった一冊の本で幹ができ、幹を太くできる。だからこそ、原本選びが大切なのです。

「知る」ことは**平面的**な知識ですが、「分かる」ことは**立体的**な知識です。それはどんな質問にも、誰に対しても、さまざまな角度で物ごとを説明できることを意味し、〝強み〟を磨いていく作業です。

気象予報士第1号に合格した当日の生出演で、

「ここに低気圧から伸びる前線がありますが、この先にもこんな風に（………とマジックで書く）、隠れた前線があるんです。なので、低気圧から離れた関東地方でも、昼前から雨が降りだします」

と私は予想天気図のフリップを「隠れた前線」という言葉で説明しました。その途端、小宮さんやコメンテーターの和田俊さんが、「へ〜」とか「ほう〜」と声をあげ、スタジオ内にいたたくさんのスタッフの視線がフリップに集まり、空気が一瞬にしてひとつに。このときのことは、今も鮮明に覚えています。

「隠れた前線がある」という言葉は、低気圧の仕組みが立体的に理解できていたからこそ、紡げた言葉です。わずか8文字の根底には、前述した1〜13の基礎知識が網羅されているのです。

誰もがアメーバ化をすると、その人らしい言葉が紡げます。だって、現代国語オンチの私ができているんですから、みなさんができないわけがない。アメーバ化には、そんな弱点を強みにするおもしろさがあります。

繰り返しますが、原本は「難しい本ではなく、分りやすい本」。あのホーキング博士の論文は、学術論文の教科書と評されていますが、小学生でも読めるそうです。

第3問

ネットは「穴あけ」キーワード検索の連続

原本にかかれている基礎知識が理解できるようになったら、それと関連している本を手に入れることで、アメーバ化をさらに進めていきます。

私のお天気の勉強で言えば、「雲」に関して書かれた本がそうでした。

ひとえに「雲」といっても、それを季節の移り変わりで伝える本もあれば、写真集もある。世界のめずらしい雲を集めた本もあれば、雲を題材にした俳句や短歌の本、雲の呼び名にこだわった本、地域特有の雲の本、富士山付近の雲の本など、山ほどあります。

関連本は、本屋に足を運んだり、ネットなどで検索をすれば、比較的簡単に探せます。「これはおもしろそうだ」と興味を引かれたものを手に入れるといいでしょう。

私は「本棚の一段がまるまる関連本で埋まる」くらい本を集め、読みまくりました。

〝現国オンチ〟の私が、それだけの本が読めるだなんて、まさにミラクル！　本棚を見ると、そのとき自分が何に興味を持っていたのかが分かるほどです。

原本となる本は、一冊丸裸にするくらい徹底的な穴あけが必要ですが、「？」から増えた関連本は、気になる部分だけを穴あけし、本棚に寝かしておいてかまいません。他の「？」を問い続けているうちに、寝かせておいた本が必要となることが往往にしてあります。そして、そのときには、異なる視点で読めるので思わぬ発見があるものです。

立ち止まる場所が変わったり、別の解釈に気づいたり。「見えるものを見るのではなく、見たいものを見る」という人間の習性が、そうさせるのです。

ですから、少々お金がかかってしまう場合でも先行投資だと思って、〝自分専用〟の一冊を手に入れておいてください。ネットで見られる情報も、できればプリントアウトするなどして一冊のファイルにまとめておくことをおすすめします。

関連本探しでは、ネットの検索を最大限に利用して、論文やエッセーなどの資料を集めるのも効果的です。

ここでポイントになるのが、〝キーワード〟です。キーワードが間違っていると、求めている本や資料が見つかりません。「雲」でヒットしなければ、「上昇気流」。「上昇気流」でヒットしなければ、「乾燥減率」といった具合に、いろいろ試すのです。単文化された穴あけ問題集には、キーワード候補が山ほどあるので、行き詰まったら穴あけ問題集から探すのもありです。

インターネットは検索エンジンがかかる場所が変わると、情報量も大きく変わります。私は東大大学院では、「新卒社会人の五月病」をテーマに修士論文を書いたのですが、自分が所属していた医学系研究科だけではなく、経済学部や文学部の書誌データベースを検索しまくって、「新卒社会人」をテーマにした本や論文を集めまくりました。集めすぎて、「論文コレクター」と言われたほどです。

「新入生」でヒットしなければ、「新卒社会人」。「新社会人」でもうまくヒットしなければ、「五月病」。「五月病」でもダメなら、「組織化」など次々とキーワードを変え、探す場所を変え、「新卒社会人」に関する情報を集めました。関連本（論文も）が増えると、さまざまな角度から見るまなざしも鍛えられます。

たまに、「検索したけど見つからなかった」と嘆く人がいますが、「キーワード検索にまったくひっかからなかった」という事態は、ほぼ１００％起こりません。もし仮に、本当になかったとしたら、まったく世の中に必要のない情報を集めようとしている〝鈍才〟か、ものすごいことに気づいた〝天才〟か、どちらかです。

そもそも「データベースのブランクに、キーワードを入れる」という作業自体が考える作業。まさしく、「穴あけ」です。そして、検索ボタンを押すと、次々と関連した情報が画面に映し出される。これが「アメーバのタネ」です。

グーグルなどで検索する行為に代表されるように、ネット時代になって私たちはひたすら「穴のあいた」ところにキーワードを入れて検索し、情報を集める作業を繰り返している。

それは、いわば「穴あけ」勉強法の亜流版のようなものかもしれませんね。

ただし、自分の目と手と頭を使って「本や資料を手に入れる」作業とは異なり、グーグルなどの検索エンジンは考えるところを勝手にやってくれます。そこで重要となるのが、「情報リテラシー」＝「情報を自分の目的に適合するように使える能力」です。情報リテラシーの高さは、キーワードを導き出す力に直結しています。

「ここはどうなってる？　えっ、調べてない？　それじゃダメだろう」とか、

「おい、なんでそこなんだよ。問題はこっちだろ」といった苦言を部下にしたり、上司から言われた経験がありませんか？

必要な情報をいかに導けるか？

限られた資源、限られた時間で、どれだけ参考になる補足情報を見つけられるか？

情報リテラシーで、その人の思考レベルが決まるといっても過言ではないのです。

「穴あけ」勉強法では、原本を単文化して書き写すという作業を繰り返しますから、文章を読み解き、ポイントを書き出す力が自然と高められます。そこから派生する「？」をおざなりにせず、「？」の最適解を見つける作業を繰り返せば、情報リテラシーも自然と向上します。

第4問 海女さんの予報はスパコンに勝る

知識のアメーバ化では、〝人力〟をどんどん借りることも忘れてはならないポイントです。フェイス・トゥ・フェイスで得る知識ほど、貴重なものはありません。どんなに専門書を読みあさっても手に入れられない、生きた情報に出会えます。

またお天気の例に戻ります。72頁で紹介した穴あけ問題を思い出してほしいのですが、

①雲は［　　　］によって上層雲・中層雲・下層雲の3つのグループに分けられる。

あの穴あけで私は「高さ」にピピッときてしまったというのは先に書いたとおりです。でも、空を見上げて「あの辺りが5キロだな」とか、「あそこまで上がると13キ

ロか」なんてことは、どんな本を読んでも分かりませんでした。

そこで、〝人力〟の出番です。

周りの気象のプロに「今日、出てるのって、上層雲ですよね？」といった具合に、穴あけ問題集で得た知識をフル活用して聞くのです。ただ聞くだけはなく、必ず勉強した内容を組むことがポイントです。

するとほぼ１００％、

「おお、よく勉強してるな〜。そう。あれは上層雲でね」と、気分よく教えてくれます。好意的に受け入れてくれるのです。

「あれは上層雲の絹積雲で、うろこ雲といって○×△◎×▲。昔はね▲◎×……」

などと、その方が持っている知識をどんどん教えてくれる。「こいつはちゃんとやっている」と受け止めてくれるからこそ、その人が見たこと、感じたこと、発見したことのお裾分《すそわ》けをしてくれるのです。

フェイス・トゥ・フェイスで得る知識は、いわゆる「経験知」です。

経験知には興味深いコメントや言語化が難しいワザ、発想を刺激するジェスチャーなど、その人ならではの知識が多数含まれています。これは極めて良質な知識です。

最近のスーパーコンピューター（スパコン）の予報はかなり精度が高く、世界的に

第4問

海女さんの予報はスパコンに勝る

見ても予測が最も困難と言える日本近辺でさえ、3日先程度までなら、十分正確に予報できます。

ただし、どんなに優秀なコンピューターでも、100%当たる予報は出せません。天気予報を完璧に当てることは不可能です。大気を支配する力学法則は非線形と呼ばれ、決定論的カオスと呼ばれる現象がおこるため、完璧に天気を予報することは不可能です。

その「穴」を埋めるのが〝人力〟です。予報のプロたちの腕の見せどころなのです。

実は、天気の変化が生活に直結する海女さんや漁師の方も〝予報のプロ〟。お天気キャスターのときに取材させていただき「絶対にかなわないなぁ」と痛感しました。

「アノ山の右のほうに雲が出たら、数時間後には雷が鳴るんだよ」

〝予報のプロ〟たちは物理式ではなく、経験に裏付けされた予報をしていました。しかも、上昇気流だの気温減率だの上層雲だの、専門用語を一切使わずに、気象の基礎知識を身体で理解しているので鬼に金棒です。

海女さんの予報は、どんな優れたスーパーコンピューターにも勝るのです。

第5問

〝エルニーニョ薫〟の大当たりで一躍人気者

私は気象のプロから教えてもらった知識で**大穴**を当てたことがあります。

「ニュース・ステーション」で天気予報を始め、半年くらい経った頃から、山田邦子さんの「邦子がタッチ！（テレビ朝日系）」というバラエティ番組でも、〝エルニーニョ薫〟という芸名で、天気予報を担当するようになりました。

エルニーニョ薫は、スタイリストさんが用意した流行最先端の派手な衣装を纏《まと》い、山田邦子さんの軽快なトークとギャグとともに、「大胆な予報」をすることをウリにしていました。同じ河合薫の天気予報でも、久米宏さんの隣に座っている気象予報士の河合薫とはかなり違いました。

〝大穴〟とは成人式1月15日（当時）の予報です。

第5問

"エルニーニョ［薫］"の大当たりで一躍人気者

気象庁のスーパーコンピューターの予報では、成人式は「雨」。成人式の前日、西日本で雨を降らせた低気圧が関東に接近し、かなりまとまった雨が予想されていたのです。各局の天気予報も、軒並み「雨」。低気圧の位置や発達具合から考えれば、妥当です。

ところが私は、「晴れ!」と予報しました。各局のお天気キャスターたちが軒並み、「成人式はあいにくの雨ですね」と予報している中で、ただひとり私だけが、「成人式の日、関東は晴れます! 大丈夫です。安心して晴れ着でお出かけください!」と勝負に出たのです。

おそらく今ならネットで炎上騒ぎになっていたと思います。

なんせ、私が「晴れ! 大丈夫です!」と予報した途端、

「エルニーニョの言ってることはホント?」

「エルニーニョは、正気なのか?」

「ホントに晴れるんだな!」

「雨で晴れ着が濡れたら、責任とってくれよ!」などなど、

電話がジャンジャン、テレビ局にかかってきて、大騒ぎとなったのです。

プロデューサーにも「エルニーニョ、大丈夫なのか?」と、心配される始末です。

「晴れ！」と言った本人（＝私）でさえ、あまりの反響の大きさにビビりました。

とはいえ、ただ単に大穴とか、ウケを狙って、予報したわけではありません。


私が「晴れ！」と勝負に出たのは、「南風が吹く」と考えたからです。

関東は東京湾がグッと入り込んでいるため、西から移動してきた低気圧が通過する際、南風が強く吹くことがあります。南風が強く吹くと、低気圧が運んできた雨雲が箱根を山を越えられない。雨雲が暖かい南風で飛ばされ、雨が降るどころか晴れ間が広がり、気温が急上昇します。

そもそも、関東における南風の重要性を教えてくれたのは、民間気象会社時代の気象のプロたち。大先輩たちは「南風で予報をはずした」ときの経験知を、教えてくれました。

そのことを覚えていた私は、徹底的に天気図を解析し、「南風が吹くかどうか」をさまざまな角度から何度も確かめました。

そのうえで導き出した私の答えは、「吹く」可能性大。

「ここは勝負だ！　みんな晴れ着を準備してるんだもん。勝負に出よう！」と決意。

第5問

〝エルニーニョ 薫 〟の大当たりで一躍人気者

誰もが「雨」とする中、〝エルニーニョ〟だけ、「晴れ！」と予報したのです。

大胆予報の裏には、私の「経験知」も含まれていました。予想天気図は日々更新されるのですが、「天気予報を大きな流れで見る」ことの重要性を、私は自分の経験から学んでいました。

直前の天気図（＝小さな流れ）だけで予報すると、ついつい目先の幸せ、というか、希望的観測に惑わされ、〝容疑者〟を見逃してしまうことがたびたびありました。

そもそも天気は大気の流れですから、大きな流れを大切にしないとダメ。

なので私は1週間前から、当日の予報を「大気の流れ」という、大きな視点で解析していました。そしてそこでも「南風が吹く」という予報は、一貫していたのです。

といっても、予報はあくまでも予報です。オンエアのあとは「当たりますように！」と、神頼みあるのみ。

成人式当日まで空を見上げては「晴れますように！」と、ひたすら祈り続けました。

その結果……、な、なんと……、

成人式当日、東京にはきれいな青空が広がったのです。

大当たりです。番組には、「エルニーニョ、ありがとう！　おかげで晴れ着が着れました！」とハッピーコールがたくさん寄せられました。

〝エルニーニョ薫〟の大当たりは雑誌でも取り上げられ、私は、一躍「当たる気象予報士」になったのです。

図鑑に書かれていている知識が、「規格内のまっすぐなキュウリ」だとすれば、気象のプロが教えてくれる知識は「規格外の曲がったキュウリ」です。市場に出回っていないめちゃくちゃ希少価値の高い情報です。

経験知はどれだけ勉強しても、どれだけキーワード検索しても、手に入らない貴重な知識です。当然ながら、図鑑に経験知は書かれていません。

どんどん勉強して、どんどん周りの人たちに質問し、経験知を盗む。

知識×他者の経験知×自分の経験知

で、強みにいっそう磨きがかかるのです。

第6問

対面で得た知識はテキストより身につく

「でも……、人に聞いていいのかな？　そんなことも知らないのか！　と怒られたり、バカにされたりしないかな？」

こういった心配をする方もいるかもしれませんね。

「人に聞くより、パッとググったり、ヤフー知恵袋に聞けばいい」と思う人もいるでしょう。「ならば、それで」。いえいえ、それじゃあ、あまりにもったいない。もちろんグーグルや知恵袋も役には立ちます。でも、「人に聞くこと」と「ググること」の間には、決定的な違いがあります。

そこに「コミュニケーション」があるかどうかです。

フェイス・トゥ・フェイス（対面）で得た知識は、テキストから得られる知識より確実に身につきます。

興味深い実験を紹介しましょう。

生後8カ月の赤ちゃんを対象に行った、英語の「RとLの聞き分け」実験です。英語を母国語とする外国人講師に、①CD（音声のみ）、②DVD（画像）、③家庭教師（フェイス・トゥ・フェイス）の3つの方法で赤ちゃんを教育してもらいました。教育を始めて1年後、その効果を検討した結果、③の家庭教師に教わった赤ちゃんだけが、「RとLの聞き分け」に成功したというのです。

フェイス・トゥ・フェイスの教育効果が高まる理由は、発信する人と受け止める人の間で「情報のキャッチボール」というコミュニケーションが存在するからだと考えられます。

まず、「受け手」は、発信者の言語だけではなく、表情や仕草、声のトーン、話す早さ、そこに存在する〝空気〟といったいくつもの情報を交えて、発信者のメッセージの意味を理解します。

「愛してる」というテキストと、「愛してる」と人が言ってる映像が映し出される場合と、「愛してる」と目の前にいる人に言われた場合を想像してください。

目の前で言われたほうが、心が揺さぶられる、と思いませんか？

一方、「発信者」は、受け手の反応を感じ取りながら伝え方を変えます。

私はいろんな依頼に応じて講演を行っていますが、聴衆の心が動いているのを感じると、その話を広げてとことん突っ込み、「ちょっと分かりづらいかな？」という空気を感じると、話す速度を変えたり、言葉を変えたりします。

同じテーマの講演でも、受け手の反応は違います。大阪でウケたネタが東京で受けるとは限らないし、管理職にウケたネタが経営者に受けるとも限らない。会社によっても違うし、業種によっても違うし、季節によっても違う。相手にきちんと伝えようと思えば思うほど、受け手の反応次第で発信の仕方が変わるのです。

音楽に詳しい知人が「超スーパーな指揮者になると、指揮棒をふらないで演奏するんだよ」と話してくれたことがあります。なんと、目くばせ、だけでオーケストラのメンバーとコミュニケーションを取れるようになるのだそうです。「テクニックを極めた先には、〝空気を動かす〟力があるんだよね」と。

さらに、**「人に聞く」ことは「人とつながる」**こと。それは人生の宝物を得る行為でもあります。フェイス・トゥ・フェイスでつながった人は、大切な応援団です。専門用語では、ソーシャルサポート。今風に言えば、**「人脈」**です。

世の中には「成功するには人脈作りが欠かせない！」とありとあらゆる場所に顔を出し、名刺を配りまくり、facebookで友だち申請しまくる人がいますが、本当に力を貸してくれるのは、「がんばってマジメにやっている」ことを分かってくれている人たちです。

そういう人は、損得勘定なしで応援してくれます。折れそうになったとき、どうしようもなく困ったとき、たったひとりでも、応援団になってくれる人がいれば、案外なんとかなるものです。

民間の気象会社で、「ニュース・ステーション」で、大学院で……、私は多くの人に助けられました。彼らはみな、私が必死に勉強し、「教えてください」と食らいついていたことを、知っている人たちでした。

「あいつ、がんばってたからな」「ホントよく勉強してたからな」。

そんな温かいまなざしが、危機を脱する助けになりました。不安で不安で仕方なかったとき、応援団の方のたわいもない言葉に救われました。

困難やストレスは人生の雨です。

土砂降りの雨をしのぐ傘が見つからない――。

そんなときに、

「傘を貸してもらえますか？」

と頼める心の距離感の近い人がいたら、どんなに心強いでしょうか。

「キミ、雨に濡れてるよ。この傘使っていいよ」

そうやって傘を差し出してくれる人がいたら、もうひと踏ん張りできるのでは？


ちなみに、「ストレスの雨」「雨をしのぐ傘」というフレーズは、ストレスの基礎知識のアメーバ化で生まれた〝私の言葉〟です。


つながりは目に見えない。

でも、見えない力にこそ価値あり。そう、私は信じています。

もちろん傘を貸りても、傘を持つのは自分自身です。自分だけじゃ重ければ、手を支えてもらってください。雨の中で一歩踏み出すのは自分自身です。なかなか踏み出せなければ、背中を押したり手をひっぱってもらってください。

第7問

イチローだって3割。3割打者を目指せばいい

知識のアメーバ化は、テレビやラジオでコメントするときにも、使えました。

「みんなが知っている情報」に、「なぜ？」「何？」とアメーバ化を繰り返すうちに、だんだんと「自分の視点」が明らかになります。つまり、たった数秒のコメントの背後には、何分もの、ときには何時間もの、アメーバ化の労力が存在します。

そして、そこに自分の専門や立場がかけ算されると、「わたし（河合薫）」がコメントする意味ができます。

ところが、実際にはコレが難しい。

生放送では直前まで取り上げるネタが確定しません。ですから、その場で瞬時に脳内に検索をかけ、「自分のコメント」を引き出さなければならないケースが多いのです。

第7問

イチローだって3割。［3割打者］を目指せばいい

そのため「あ〜、今日もうまくできなかった」と、自分のふがいなさに、たびたび落ち込みます。なんとも逃げ場のない徒労感に襲われ情けなくなります。

「いつも、いつも、ホームランを打つ必要はない。イチローだって3割。［3割打者］を目指せばいい」

うまくコメントできずに悩む私に、番組のプロデューサーがこう言ってくれたことがありました。「ここぞ！」というときに、「さすが」「なるほど」と、視聴者を納得させるコメントができればいい。そうアドバイスしてくれたのです。

私は、その言葉を聞いたときホッとする反面、「ヒットにならない7割を、どうすればいいんだろう」と、再び、悩むようになりました。

新聞やニュースなど毎日、起きていることをチェックしたり、ネットで検索したり、本を買って少しでも理解を深めたりと、努力はします。

でも、報道番組は経済、外交、社会、芸能、とテーマが多種多様。日々、さまざまなことが起こり、すべてを網羅するなんてできない。そう。できるわけがないのです。すると、残りの7割は、ボールにまともにあてることさえできません。

しかも、匿名のネット社会です。

瞬時に言葉の「一部」だけが切り取られ、拡散される。コメント批判を超えて、人格を否定されるようなこともたびたびあります。

スキルの高いコメンテーターの方は、当たり障りのないコメントに仕上げられる。ところが、私のようにコメントスキルが低く、思ったことを言わずにはいられない性格の人間のコメントは、あっという間に炎上します。

「河合、もっと勉強してからコメントしろ！」

「アホか！」

「バカ丸出し！」

なんて具合に。自分では、必死で考えて、考えて、考えて、たどりついた発言であっても、火炎瓶を投げられるのです。

「今日のコメンテーターは河合薫か。炎上博士だな」って書かれたときには、笑うしかありませんでした。

第7問

イチロ―だって3割。3割打者を目指せばいい

「7割をどうすればいいの」とアレコレ悩んでいるうちに、久米宏さんに言われた言葉を思い出すようになりました。

「うまくやろうと思っちゃダメ。その途端に、キミみたいなタイプはダメになる」

「ニュース・ステーション」で始めてお会いしたとき、こう言われたのです。

〝キミみたいなタイプ〟というのが少々気にはなりますが、初めてのテレビの世界で「発生練習しなきゃ、滑舌よくしなきゃ、カメラ目線でやらなきゃ」とうまくやることばかり考えていた私にとって、久米さんの言葉は衝撃でした。

当時は、「そっか、私はアナウンサーじゃないんだから、滑舌とか気にしないでいいんだ。気象予報士として、自分の言葉を伝えればいい」と、久米さんの言葉を解釈していました。

でも今は、少しだけ違います。

「うまくやろうと思うな」とは、「伝えたい気持ちが、いちばん大事」だよだと。

それが久米さんのメッセージだったんじゃないかと思うようになりました。

「僕ね。批判されるのが大好きなの」と笑いながらいつも言っていた久米さんだけに、「批判を恐れるな！　うまくやろうと思うな」というエールだったんじゃないかと。


大切なのは、伝えたい気持ち。その気持ちに至るまで、とにかく考え続ければいい。そう考えると、少しだけ楽になりました。だからといって、落ち込むことがなくなったわけではありません。でも、そのときそのとき、限られた時間、限られた情報の中で脳内のおサルと格闘し、多少いびつでも自分の言葉でコメントすればいい。その覚悟だけは持てるようになりました。

それは、自分の強みを活かせる3割でも同じです。

テレビのコメントを考える時間よりも100倍多い時間を費やしている、コラムを書くときも「伝えたい気持ち」を大切にしています。伝えたいことがあるからこそ、書き続けられるといっても過言ではありません。

とはいえ、どんなに〝気持ち〟があっても、それがうまく伝わるかどうかは別。

「もっと勉強しろよ！」と罵倒されることもあります。それは結構、堪《こた》えます。文章そのものが、考えそのものが自分自身になっているから、余計にしんどい。考え抜く作業が厳しかったものであればあるほど、ドンと胸に刺さります。悔しくて涙が出ることもあります。

でも、不思議なものでドギマギしながらでも必死に書き上げると、きちんと受け止めてくれる人がいます。１００人いたらそのうちの数人は、必ず「アナタのコラムに救われた」と感謝してくれたり、「なるほど」と納得してくれたり、「そのとおり！」と共感してくれる。「こいつちゃんと腹の底から考えたんだな」と受け止めてくれるのです。

批判の反対は、「無視」なんじゃないでしょうか。そこに「伝えたい気持ちがない」と、誰の心にも響かず、跳ね返されることも、受け止めてもらうこともなく、スルーされる。私がコメントする意味も、コラムを書く意味も、存在する意味も価値もなくなるのです。

いずれにしても１００人に1人の〝声〟が、私には、「下手でも、書き続けていいよ」と言ってるように聞こえました。世間ではこれを、やりがい、とか、モチベーションと呼ぶのでしょう。

ミロのヴィーナスは、発見されたとき、既に両腕が失われており、当初は修復する予定でした。それが、現在も腕のない、不完全なままになっているのは、「そのままの方が美しく見える」からだとされています。

決して完璧になれない人間は、不完全なものに魅了される。ヘタクソな不完全な文章の〝穴（＝欠けたところ）〟が、相手の心を引き寄せてくれるのかもしれません。

これは蛇足ですが、もうひとつ久米さんに言われたことをお裾分けしますね。

「おでこに言うことを書いてから、口にしてごらん」

ラジオはテレビと違って、音声だけだから難しい。そう悩んでいた私に、久米さんが下さったアドバイスです。

ラジオはMCを「パーソナリティ」と呼ぶように、テレビと違ってその人の内面が出るメディアです。相づちのうち方ひとつでも、その人のなりがでます。テレビならにっこり笑ってごまかすことも、ラジオではできません。

何かしゃべらなきゃならない、わけです。

そんなとき、ポロッと出る言葉に、聞いている人は敏感に反応します。普段思っていること、普段使っている言葉が、ポロッと出る。まさしくその人のパーソナリティが、音声に乗っていくのです。

それがラジオの魅力でもあるのですが、失言になったり、人を傷つけてしまうことになっては、仕事を失うことにもなりかねません。

でも、ほんの一瞬。時間にするとわずか3秒です。「あんまり考えないで、つい言ってしまった」という経験は誰もがあると思いますが、言葉を「**おでこで止める**」だけで、一瞬考えることができます。

人に伝えるには「間」も大切です。ついつい「しゃべらなきゃ」と思うと、マシンガントークになりがちです。それだと、伝わるものも伝わらなくなる。でも、おでこで3秒止めると、ちょうどいい間が生まれる。

これぞ久米さんの経験知。〝おでこ書きルール〟はテレビとラジオの第一線で活躍してきた、プロ中のプロしか知り得ないことなのです。

第8問

「書く」ことは思考を深め、心に響く言葉を導く

「穴あけ」勉強法では、「書く」という作業を大切にしています。

よく考えるための最も効率的、かつ効果的な方法は、書くこと、と断言できます。どれだけ人と話しても、どれだけ音読を繰り返しても、実際のところ「書く」こと以上に、論理的でリアリティがあって、他者の心に響き、分かりやすい、しなやかな考えに達することはありません。

感情や考えといった目に見えないものを、見える化するのが「言葉」です。自分が書き出した言葉を見て、心に新たな感情が考えが浮かぶ。書き出された言葉（＝文字）と自分の心の間に、コミュニケーションが生じるのです。

すると再び、脳内のおサルやウサギやタヌキが登場し、「アレは違う」「こっちのほうがいい」「あっ、こんなことあったよね」と、考えが整理されます。

「書く」という行為が、自分の思考を深め、他者の心に響く言葉にたどり着く行為だと気づいたのは、「出る」仕事から「書く」仕事が増えてきてからです。

テレビでお天気キャスターをやっている頃、街を歩けばすぐに声をかけられたり、握手を求められたり、サインを頼まれたり、「いつも見てます！　大ファンなんです！」と、自称〝河合薫ファン〟を名乗る人たちにたくさん出会いました。

ところが、大学院に進学し、テレビでの露出が減った途端、たまに声をかけられることや、「なんかこの人、見たことある」的視線を感じることはありますが、確実に〝河合薫ファン〟は激減しました。

その一方で、「かわいい、薫さん？　ですよね？　いつもコラム読んでます！　毎回、河合さんのコラムから元気もらってます！　ありがとうございます！」と、声をかけられることが増えてきました。

お天気キャスターをやっていたときに比べたら、比較にならないくらいごく少数。でも、決まって「ありがとう」とか、「勇気もらってます」「元気もらってます」と、私が書いた文章から、なにかしら、もらったと感謝してくれるのです。

かたや「空模様」、かたや「心模様」で、伝えてきたテーマの違いにもよるところもあるでしょう。でも、明らかに違う。心の距離感が近いというか、心底応援してくれているというか。とにもかくにもテレビに出ていたときには、経験したことのないまなざしを感じるのです。

実際、私は「書く」仕事が増えたことで、考える時間と労力が莫大に増えました。毎週、コラムを書き上げることで、自分の価値観や考え方を知るようにもなりました。書き出すことで、自分のココロの声や頭の中の思いが次々と呼び覚まされ、考えそのものが「自分」らしくなる。潜在意識を掘り出すのに、書く作業は欠かせないと実感しています。

それに私は、テレビをメインに8年間仕事をして、正直なところ、疲弊しました。テレビは放出するメディアで、執筆は吸収するメディアです。

最近はキーボードで打つことが増えてきましたが、私の場合、やはり手で「書く」ほうが考える筋力が刺激されます。ある程度、文章の画面ができあがった時点で、プリントアウトして鉛筆片手に、線を引いたり、気になったところに書き込みをします。不思議なもので、パソコンに打ち込んでいたときには思いつかなかったようなことがひらめいたり、自分の考えや価値観が呼び覚まされます。「書く」ときには、確実に前頭葉が刺激されるのです。

「えっと、あれ！　あれ、なんだっけ？」と、思い出せないことを思い出すときに、身体を動かして、言葉にならないアレを、ジェスチャーで思い出そうとすることがあります（センターボケですね）。書くことも、ジェスチャーのひとつ。身体も思考するなんて、妙な言い方ではありますが、どんなに頭の中で、「よい考え」が浮かんでも、書き出してみて初めて気づくことが案外あるものです。

結局のところ、書くことは、よく考えること。自己の内部に潜む「強み」を磨くには、「書く」べしです。

アメーバ化の極意

- 原本選びは慎重に！
- 「？」を逃すな！
- 人に聞くことを恐れるな！

フェイス・トゥ・フェイスを大切に

第4章

「穴あけ」からアナロジーで想像力を鍛える

第1問

雲はお豆腐の味噌汁

穴あけ問題を解いていると、ふと、目の前の知識と遠く離れた知識が結びつく瞬間があります。

「ああ、これって○○ってことだよね？」

といった具合です。

アメーバ化が進み、自分の知識が深化してから、そういうことがたびたび起こるようになりました。

「雲は、お豆腐の味噌汁みたいなもの」

このフレーズは、雲の構造が理解できたときに浮かんだものです。

第1問
雲はお豆腐の味噌汁

「火をつけると、お豆腐はグルグルと上下運動を始めます。これが上昇気流です」

「日中気温が上がるともくもくと入道雲が発達するのは、火を強くしたときと同じです。豆腐が激しく上下運動するように、上昇気流が活発になります」

「温暖化の影響で集中豪雨が増えるのも、中火が強火になってお味噌汁がグツグツ煮えたぎるように雲が発達するからです」

といった具合に、上昇気流に関する知識が次々と「お味噌汁」に置き換わりました。

さらには
「飛行機は、どんなに離陸するときに雨が降っていても、3分後には雲の上です。なぜか分かりますか?」

といった質問を投げかけ、次のような説明ができるようになりました。

「雲は地上から約10キロまでの、〝対流圏〟という空間にしかできません。対流圏は、その名のとおり、対流がおこる場所。飛行機は揺れないように、対流圏の上を飛ぶので、窓の外はいつも晴れているんです。でも、オーストラリアなど南半球に行くとき、赤道付近で揺れることがありますから注意してください。

実は対流圏は、赤道付近では15キロ上空まで広がります。そこでパイロットは必死に高度を上げて、雲の上に出ようとするのですが、間に合わない場合があるんです。雲の中から抜け出せなかったり、雲の頭が飛行機の底にぶつかったり。すると、揺れちゃうんですよ。

なんで赤道付近は、対流圏が高くなるかって？

気温です。温度が高いと空気は膨張します。赤道付近は熱いですから、空気が膨張して対流圏が広がり、雲も背もどんどん高くなってきます。

オーストラリア便は、夕方日本を出発する場合が多いので、お食事のサービスが終わってひと眠りするときには、シートベルトを毛布の上から絞めてくださいね。眠っているときにシートベルトサインが点灯して、『シートベルトお絞めください！』なんて、CAに注意されるのはイヤですもんね」

こんな具合に「気象の知識」と「飛行機の知識」をミックスし、「CAの経験」に置き換えることで、「空の旅のピンポイントアドバイス」ができあがりました。

このように知識を結びつけることを「**アナロジー**」と言います。

第1問

雲 はお豆腐の味噌汁

“雲”と“飛行機”の知識をつなぐ

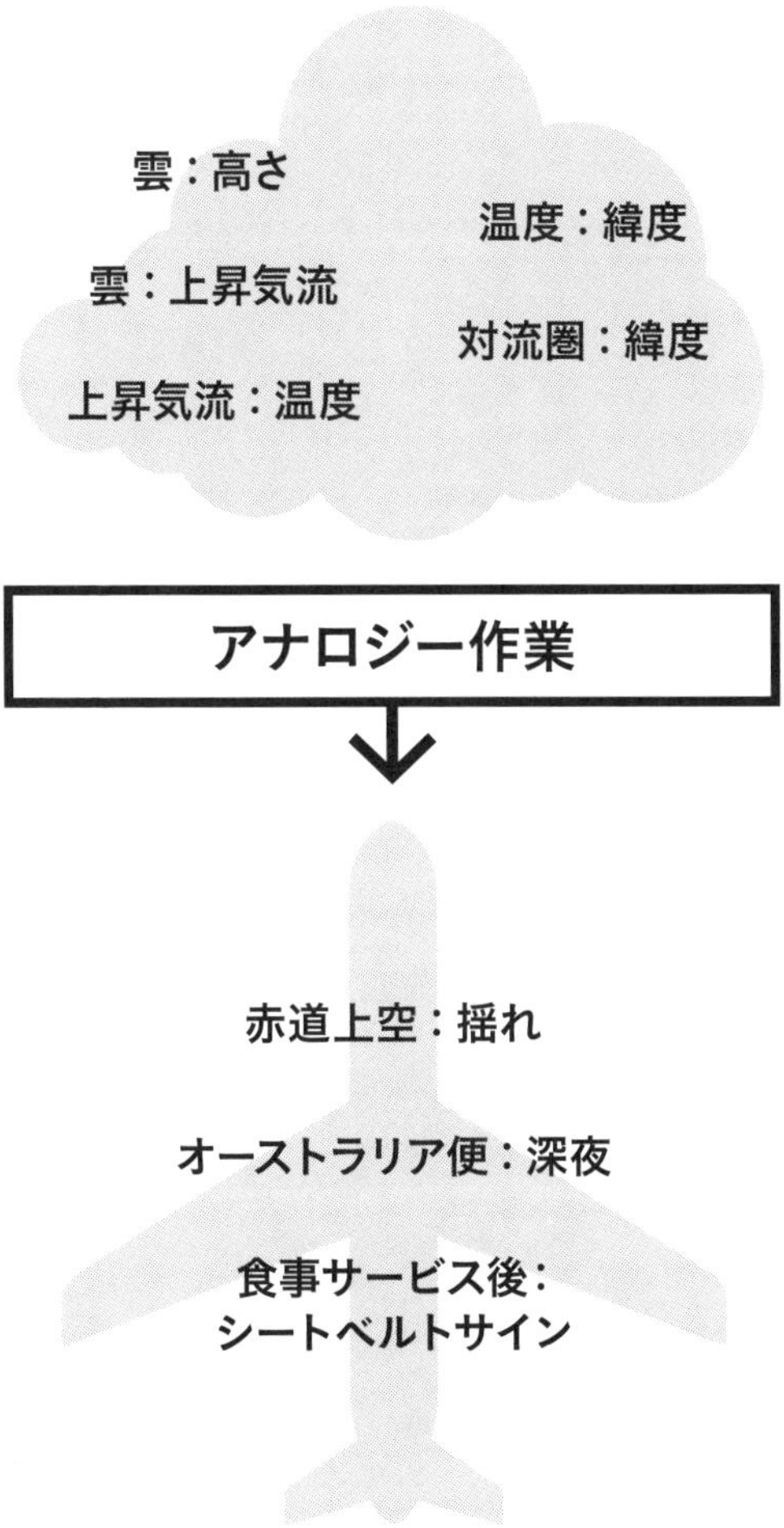

穴《あな》ロジーではありません。analogy。日本語では、類推・隠喩《いんゆ》（メタファー）・比例関係と呼ばれ、「未知の状況の問題解決において、既知の類似した状況を利用する認知活動」で、平たく言えば、難しい知識を「たとえばなし」を用いて理解しやすくするものです。

人間は新しいことを学んだり、考えるときに、過去の経験や知識と結びつけようとする習性を持っているので、より分かりやすくしようと意識が働くのです。

気象と飛行機の話は、

雲：高さ
雲：上昇気流
上昇気流：温度
温度：緯度
対流圏：緯度

といったバラバラの知識が、「空を飛んでいたとき」の経験知でつながりました。

第1問

雲はお豆腐の味噌汁

アナロジーは想像する力を高めるのに役立ちます。

知識と知識、知識と経験といった具合に、**一見関係ないコトを結びつける作業**です。

先の文章は、私の「強み」を最大限に活かした、私にしか紡げないもの。こういった分かりやすい、世界に唯一無二のフレーズは、必ずウケるのです。

飛行機の揺れを経験したことがある人は、そのときのことを思い出し、窓の外の雲を見た経験がある人は、そのときのモクモクとした雲を思い浮かべる。「へ～、なるほどね～」と納得して、「シドニーに行くことがあったら、赤道付近で外見てみます！」などと言ってくれる。

お天気に興味がある人は、「おもしろい！　そうやって考えるとよく分かるね！」と、共感してくれるのです。

「ストレスは人生の雨です。雨をしのぐ傘があれば、ストレスは成長の糧になる。雨上がりに草木が一気に成長するように、人間も成長します」

これは私がストレスの話しをするときに、決まって使うフレーズです。ここでは、ストレスの知識が雨と傘という言葉を使うことによって、お天気キャスターのときの経験とつながりました。

これを聞いた人たちは決まって、「すごく分かりやすかった」と言ってくれます。講演会やインタビューでは、今や鉄板のフレーズです。

アナロジーは、世界にたったひとつのモノを生み出す極めて大切な作業なのです。

第2問

「体調予報」で使える天気予報に

アナロジーは、「ニュース・ステーション」のお天気企画を考えるときに、とても役立ちました。

デビュー間もない1月の寒い日。インフルエンザが流行り、番組のスタッフが半分に減るという異常事態が発生しました。番組には常時100人近くのスタッフが働いているのですが、半分欠けたからといって応援がくるわけではありません。本番までの時間が刻々と迫る中、スタッフルームはまるで戦場でした。

いつもなら、〝新人〟の私を世話してくれるディレクターも、その日ばかりは相手にもしてくれません。

私も何か手伝おうとするのですが、素人に毛が生えたようなものですから大したことはできませんし、お天気コーナーの準備もしなきゃならないので、気持ちばかりが焦っていきました。
そんなとき、ふと脳内に「？」が浮かびました。

「なんで寒くなると、風邪が流行るんだろう？」

素朴な疑問です。
さっそく調べると意外に答えは単純で、「寒くて空気が乾燥しているから」でした。
気温が低く、空気が乾燥した状態で、人の体力は低下し抵抗力が弱まる。
一方のインフルエンザウイルスは元気になる。
「だったら、インフルエンザ予報をやってみよう！」
これが、お天気企画第1弾へとつながりました。
まず、情報を単純化し、整理します。

低温・低湿度⬇かかりやすい（抵抗力低下、ウィルス元気）
高温・高湿度⬇かかりにくい（人間元気、ウィルス元気なし）

第2問

「体調予報」で 使える 天気予報に

インフルエンザ予報図

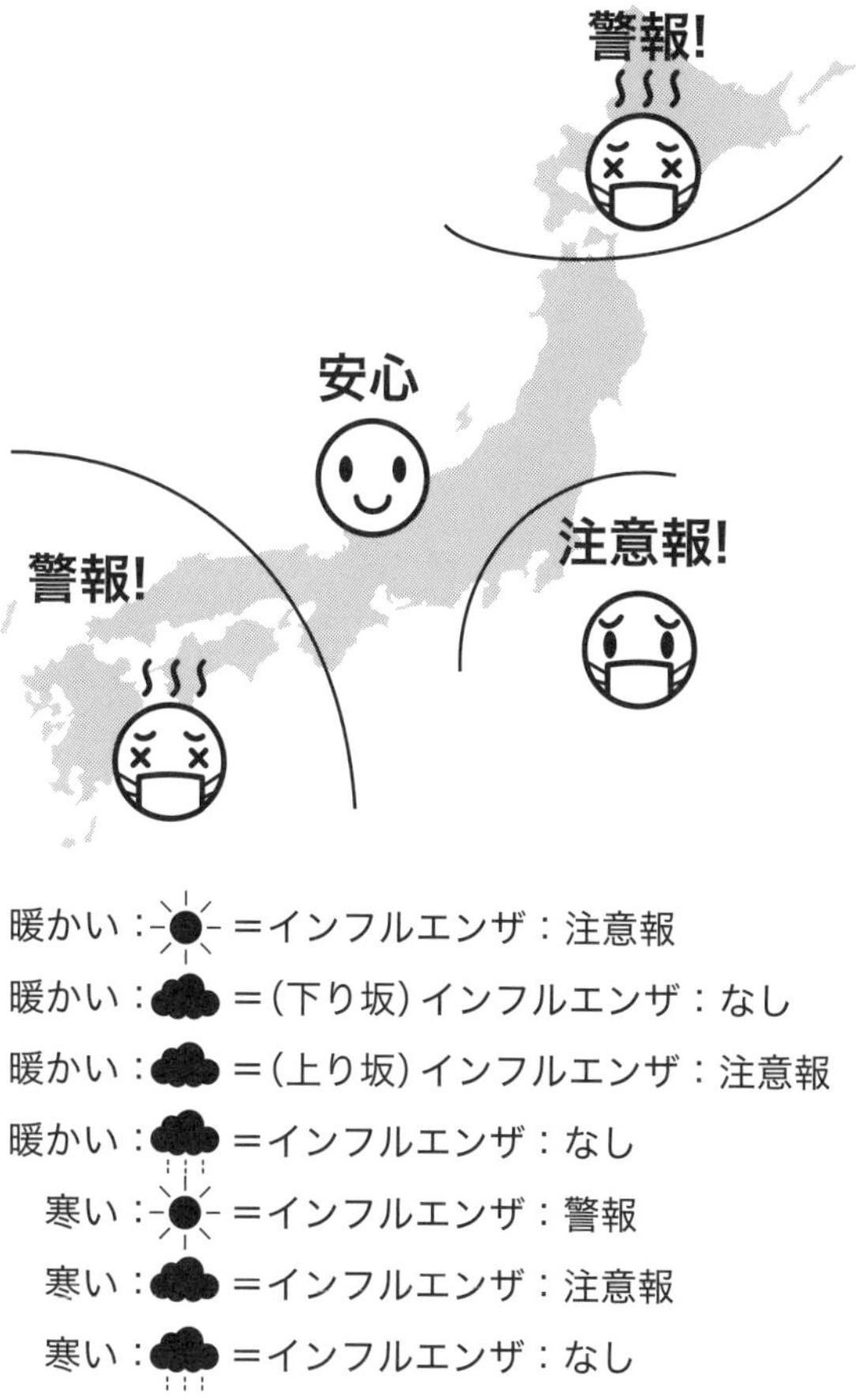

ここからアナロジーの始まりです。

温度：湿度（＝天気）＝インフルエンザ：［　　］

あれこれ考えた結果、穴（［　　］）を「注意報にしてみよう！」と思いつきました。これを天気予報のように、日本地図に乗せて「インフルエンザ予報」にしたのです。「インフルエンザ予報」はかなり好評でした。

翌日電車に乗っていたら、隣の女子高生たちが「昨日、見た？　インフルエンザ予報。すごいおもしろかったね」と、たまたま話しているのを耳にしたときは、ものすごく嬉しくて、「ソレやったの、私！」とつい言いたくなったほどです。

「晴れる」のか「雨」なのか、「寒い」のか「暖かい」のかを、「風邪にかかりやすい日」と「かかりにくい日」に置き換えたことで、見ている人の印象に残る天気予報になりました。

天気予報を「体調予報」に変えたら、**使える**天気予報が生まれたのです。

翌日、プロデューサーから「これから毎週、5分のお天気企画をやってみなさい」と言われ、5分のお天気企画がレギュラーとなり、数カ月に一回は10分程度のミニ特集もやらせてもらえるようになりました。

と同時に、このときの企画がきっかけで、私は生気象学（天気と体調の関係）に興味を持つようになり、その先に健康社会学があり、今に至っています。

アナロジーは企画する力を高め、強みを最大限に生かす手段でもあるのです。

第3問

アナロジーは奇想天外な想像力を生み出す

インフルエンザ予報から始まった毎週のお天気企画ですが、これが結構大変な作業で、考える力が試される仕事となりました。

毎回、金曜日のオンエアに合わせ、月曜日から準備を始めます。アイデア出し、企画立案、取材、と、ディレクターと二人三脚で、「5分のステージ」のために時間を費やしました。企画する作業は考えることの連続で、まさしく穴あけでした。

「〝さま〟を見せろ!」

これはプロデューサーから、言われ続けたことです。

テレビというメディアは、映像のメディアです。テレビにはテレビにしか伝えられ

第3問

アナロジーは奇想天外な［想像］力を生み出す

ないことがある。だから、〝さま〟を見せて、なんぼの世界なんだと。

「グラフや表は、安易に使うな」とも言われました。

使っている方は、「グラフは分かりやすい」と思っているけれど、見ている方は「ちっとも分からない」

よほどそのグラフに意味がない限り、作り手の自己満足でしかない。

「この番組を見てる人は、仕事が終わって『あ〜、疲れた〜』とテレビをつけたオジさんだよ。そんなくつろいだ時間に、理科の教科書みたいなものは見たくないだろ？」と言われました。

企画はいわば穴あけ問題。そこに、〝さま〟を見せるという、課題が加わりました。プロデューサーからは、〝さま〟をうまく見せるためのトレーニング方法も教わりました。

「『ためしてガッテン』とか、『所さんの目がテン！』とか見て、勉強しなさい。ただ見るだけじゃなく、ノートを作って、毎回それに気がついたことを書いてみなさい」

ここでも書くという作業が求められました。

言われたとおりに番組を見て〝勉強〟してみると、これが、実におもしろい。

いつもは何気なく見ている番組を、〝さま〟の窓からのぞいてみると、いろいろな発見がありました。

例えば、ナレーション。〝さま〟を見せるときには、ナレーションが不要でした。ナレーションや、テロップがなくても、送り手が伝えたいことが伝わってくる。余分な演出がない分、見る人は画面に吸い寄せられていくのです。

「ポンッ！」と何かが弾ける音、ジワジワとカタチが変化する映像。そんな音や映像は、たまらなくおもしろかった。〝さま〟を見せられると、ゾクゾクするというか、ワクワクするというか。

ただ漠然と見るのではなく、問題意識を持ってみると、明らかに見えるものが変わってきました。見て、書いて、勉強を繰り返すうちに、〝さま〟の正体が少しだけ分かるようになってきました。

「〝さま〟を見せることの意味」と、「〝さま〟の魅力」も、なんとなく分かるようになってきました。それ以上に、プロデューサーが〝さま〟にこだわった理由も分かりました。テレビは映像がすべて。映像の持つ強みを引き出すことが、送り手のパフォーマンスをＭＡＸにするのです。

〝さまの正体〟が分かれば、あとは、自分の企画、すなわち、「さま」という［　　］を埋めるだけ。これは結構ハードルの高い作業でしたが、「これはどう？」と思いついたときの満足感は、格別でした。

毎週、５分の企画を考えるのはつらい作業でしたが、準備に苦労した回ほど、うまくいったときの達成感は、高くなりました。

そんないくつものお天気企画の中で、いまだに「アレ、おもしろかったね」と言われる企画があります。そのひとつが、「ゲリラ豪雨とドライヤー」です。せっかくなのでご紹介しますね。

まずは、その前日におきた重大ニュースから。

１９９７年７月28日。福岡で１時間に97ミリという集中豪雨があり、大きな被害が出ました。

最近は、気象ネタがニュースのトップ項目になることは珍しくありませんが、当時は、台風が関東を直撃でもしない限り、ニュースのトップになる機会は滅多にありませんでした。そんな中、「1時間100ミリの雨」は、すべての報道番組でトップニュース。それほどまでに、ニュースバリューのある〝事件〟でした。

「いったい100ミリの雨って、どんな雨なんだ？」

誰もが抱いたその疑問に答えるために、私はディレクターとともに、人工的に雨を降らせる施設がある筑波の気象研究所に出向きました。

本番では、「久米さ〜ん、今から100ミリの雨を降らしてもらいま〜す」とレインコートを着て、傘をさし、100ミリの雨が降る〝さま〟を中継。みるみるうちに履いていた長靴が地面の砂に埋まり、後ろに積まれていた土砂が崩れ、私の声は雨音にかき消されました。

その中継の翌日、スタジオでやったのが「ゲリラ豪雨とドライヤー」企画です。「なんで100ミリの雨が降るんだ？　どんな雲なんだ？」という疑問に答えるために、スタジオで雲を見える化したのです。

第3問

アナロジーは奇想天外な[想像]力を生み出す

ゲリラ豪雨に代表される集中豪雨は、積乱雲という雲が降らせます。

積乱雲は、背の高い、激しい雲です。激しい上昇気流で雲粒が上下運動を繰り返すうちに、どんどんと雨粒も雲も発達し、背が高くなり、大量の水分を含んだ雨粒が土砂ぶりの雨を降らせます。

最初は、その様子を「コンロでお味噌汁」を作りながら、説明しようと考えました。ところが、ディレクターから、スタジオでコンロはで使えないとNGを出され、企画は振り出しに戻りました。

オンエアまで時間がありません。ディレクターとあれこれ考えるのですが、なかなか「さま」の穴が埋まりませんでした。

そこでやっとたどり着いたのが、ドライヤーです。

発砲ストロールを雲粒に見立て、ドライヤーで上昇気流を見せました。雲の背が高くなっていく様子は、薄いセロファンが〝雲粒〟で押し上げられることで見える化し、スタジオ〝積乱雲〟ができる様子を再現したのです。

必死で発砲スチロールにドライヤーの風を当て続ける私の様子はかなり滑稽だったらしく、久米さんは大はしゃぎです。スタジオは笑いに包まれました。

「雲の中って、ホントにこんな風になってるの？！」疑心暗鬼の久米さんに、

「はい！　なってます」とピシャリ。

「気象予報士が、そうだ！って言うんだから、そうなんです！　みなさん、ゲリラ豪雨の雲の中はこうなってるんですよっ！」

久米さんの軽快なトークで、再び笑いが広がりました。

長い歳月を経ても覚えてくださる人がいますから、インパクトがあったのでしょう。

この頃から、「**学問は風俗に！　風俗は学問に！**」を心がけるようになりました。

「分かりやすさ」に加え、「おもしろさ」というか「くだらなさ」が私の強みに加わったように思います。

アナロジーを駆使すると、奇想天外な想像力が生み出されるのです。

第4問 「そもそも」を考えたNステのヒット商品

アナロジーを深めるうえで意識しておきたいのが「デザイン思考」です。スタンフォード大学ハッソ・プラットナー・デザイン研究所（d.school）が提唱している思考法で、最近はさまざまところで取り上げられているので、知っている方も多いかもしれません。

〝デザイン（＝design de（脱）-sign（記号））〟という言葉には、〝新しい機会を見つけるための問題解決プロセス〟という意味があります。なにか解決すべき問題があるとき、誰もがその解決方法を必死に考えます。

問題があるから解決したい、どうすればいい？　ごくごく自然な流れです。

当たり前ですが、多くの場合、誰もが慣れ親しんだやり方で問題を解決しようとします。

ところが、デザイン思考では、その当たり前を崩すことからスタートします。

キーワードは、「そもそも」。

デザイン思考は、なんらかの解決すべき問題が持ち上がったときに、「〝そもそも〟その問題は解決すべき問題なのか？」を考え、本当に解決すべき問題は何なのか？□を作ることから始めるのです。

始めが変われば、おのずと終わりも変わる。それは「これまでにない発想」を生み出すことになる。これが、デザイン思考のいうところの「新しい機会」です。

例えば、天気予報であれば、天気図を見せて、雲の画像を見せて、予想図を見せて、予報するという暗黙のルールがあります。誰も疑うことのない、ごく当たり前のルールです。

そこで、番組のお天気スタッフは、天気予報がマンネリ化してくると見やすい天気図やお天気マークを考え、お金をかけてそういったものを作り、「新しい天気予報」を作ります。

放送ではお天気キャスターが、「今日から、天気予報が変わりました」と新しい天気図で天気を解説し、スタジオのＭＣも「分かりやすいですね〜」とフォローする。

作り手は、「海の色、黒くしたら、すごい見やすくなった」だの、「晴マークがキラキラ揺れていいね！こんなの他の局じゃやっていないな」などと大満足です。

でも、そもそも、天気予報に「天気図」は必要なんでしょうか？

そもそも、見ている人にとって「天気マーク」は必要なんでしょうか？

「そもそも」を考えないことには、どんなに天気図や天気マークを変えても、見ている人たちが、「満足する」ことはないし、「あの番組の天気予報がすごいから、チャンネルを合わそう！」なんてこともおきません。ところが、〝そもそも〟を考えると、これまでに見たことがない天気予報が生まれる可能性は高まります。

実際のところ私にとっては、「ニュース・ステーション」（Nステ）という番組がそうでした。

そうなんです。

私は、「穴あけ」からスタートすることの大切さを、「ニュース・ステーション」の現場で教わっていたのです。

番組では、私のお天気コーナー用に通称〝グルグルマシン〟を独自に発注してくれていました。グルグルマシンとは、テレビの画面に取り込まれた天気図や雲の画像に、グルグル書き込むパソコンの機能です。

今では、どこの番組でも使っている、アレ、です。

技術の進化で、スタジオの大きなモニターに、素手や指し棒などで遠隔操作もできるようになりましたが、あの〝グルグルマシン〟を、最初に天気予報で使ったのは、なにを隠そうこの私です。

いや、正確には「そもそも」を考えた「ニュース・ステーション」のスタッフが生み出した、ヒット商品です。

そもそも「視聴者が天気予報でいちばん知りたい」のは、「私の頭の上の天気は、どうなるのか？」ということ。グルグルマシンがあれば、「あなたの頭の上の明日の天気」を伝えることができます。

例えば、雲の画像を見せて、

「(グルっと雲を囲んで) ここにある雲が、明日は関東地方に (⬇を書く) 発達しながら移動するので、(大きな傘のイラストを描く) ザーザー降りの雨が降ります。お出かけになるときは、大きな傘をお持ち下さい！」

こうやったほうが、見ている人には、自分の頭の上の天気が分かりやすい。天気図を見せるより、見えている雲をグルグルさせれば、明日の天気がイメージできます。

さらに、季節や曜日によっても、見ている人の知りたい「情報」は変わります。

雨の季節なら、「傘」が気になるし、秋になれば、「コート」がいるかどうかが知りたくなる。冬になれば、「今日よりも寒いのか」、夏になれば、「明日は熱中症対策が必要か」が気になるといった具合です。

そういった見ている人のニーズに□をあけてから、「何の素材がＢｅｓｔか」を考える。

猛烈に北風が吹き荒れて、日本海側に大雪が降るときには、□。予想天気図を出してグルグル。

日本列島の上空は晴れても、大陸から雲の固まりが進んでくるときには、□。ひまわりの雲の画像でグルグル。

全国的に晴天で、夕焼けがきれいに見えそうなときは、□。夕焼けの写真を出してグルグル。

グルグルマシンがあれば、見ている人が知りたい情報を、〝さま〟で見せられます。実におもしろくて、分かりやすい天気予報です。生活に落とし込んだ情報が、〝さま〟で見えるのです。

そもそも、グルグル書き込むなんて、誰も見たことない天気予報なので、「おもしろい！　分かりやすい！　あのグルグル何？」と、視聴者は画面に釘付けです。

画面のグルグルの動きと、その動きに合わせて耳から聞こえてくる情報が一致する。聞いている情報が、立体的になり、より情報が伝わりやすくなる。これらのすべては、**「そもそも」という穴あけからスタートしたアナロジー**だったわけです。

「そもそも」のおかげで、新しいスタイルの天気予報が生まれ、私の強み、〝自分パフォーマンス〟がＭＡＸに活かされました。こういった経験をさせてもらったおかげで、その後に担当したＴＢＳでの朝の天気予報も、「自分らしく」伝えることができるようになりました。

そのひとつが「服装予報」です。朝の天気予報を見ている人は、それを見て何を着ていくかを決めることが多いので、天気予報を服装で見せようと考えたわけです。

といっても、その都度着替えることはムリなので、着せ替え人形を使ったり、腹巻き・マフラー・手袋・耳当て、などを用意してもらって、「今日はこれ！」と腹巻きやマフラーをその場でつけてみたり……。

天気図も、雲の画像も、いっさい使わない。洋服選びに参考になる、新しい天気予報が生まれました。これには、視聴者の反応も大きく、当の私も楽しかった。

送り手が楽しんでいると、受け手にも楽しさが伝わっていくんですよね。そもそもに穴をあけたら、単なる天気予報がエンターテイメントへと進化したのです。

「そもそも」の大切さをもうひとつ。

そもそもは、自分自身にも向けなければならない「問い」です。

自分はナニもので、ナンのためにそこにいるか？　そもそも私は、「気象予報士」のお天気キャスター、そもそも私は、「健康社会学者」のコメンテーター、執筆者、講演者などなど。餅は餅屋。花が売れるからと餅屋が花を売ったところで、長続きしません。

「自分そもそも」が忘れられたとき、必要とされない人になり下がり、淘汰されていくのです。

第5問 始めが変われば、終わりが変わる

「〝そもそも〟その問題は解決すべき問題なのか？」という疑問からスタートしたいわば、デザイン思考で形になった企画の例をもう少し紹介させてもらいますね。

「昼ご飯を食べた後に眠くなる」という経験は、誰にでもあると思います。職場での居眠りは通常は、御法度ですから、それは「困ったこと」「いけないこと」としてネガティブに語られがちです。

「眠くなって仕事がはかどらなくなるから、ランチは食べない」
「午後の会議で居眠りしちゃったら、ヤバい」
「ウトウトしていたら、上司に怒鳴られた」などなど……、
これは少なからずのビジネスパーソンにとってのお悩みです。そこで、特に眠たく

なる春先になるとメディアはこぞって、「ウトウトしたときの対処法」や「ウトウト解消法」を企画します。

冷たい水を飲んだり、腕をつねったり、ミントのコロンをつけたりと、「こんな方法ありますよ。これをすれば、ウトウトしなくなります！」というような企画です。

でも、そもそも本当に、居眠り＝悪なのでしょうか？

そもそも、昼ご飯を食べて、眠くなるのはいけないことなのか？
そもそも、居眠りをしないようにする必要があるのか？
そもそも、居眠りは、怒られるような行為なのか？
そもそも、なんで春になると眠くなるのか？

さて、実際のところは、どうなのでしょう？？

「穴あけ」勉強法では、常に「？」を考えているので、私はいわばデザイン思考の肝である「〝そもそも〟その問題は解決すべき問題なのか？」についても、十分に準備ができていました。

ある日、「ウトウトしたときの対処法を、企画しよう」とディレクターから提案されました。

人間にもっとも快適な環境は、「気温22度、湿度65％」。このくらいの条件になるのは春ですから、眠くなるのもいわば自然の摂理でもあります。特に、ランチを食べたあとは、食べ物を消化するのに、血液が消化器官に集中し、脳への血液循環が減るため眠たくなるので、余計に眠くなります。

私もここまでの知識は持っていたので、いくつかの「そもそも」は解決できたのですが、それ以上の、「そもそも」の答えを見つけることはできませんでした。

さらなる知識を注入する必要がありました。そこで「眠り」の専門家の出番です。睡眠の本や、過去の新聞や雑誌の記事を手がかりに、専門家の先生を探し出します。「**キーワード検索**」ですね。実際にお話を聞いたほうが「アメーバは深化する」ので、取材にも出かけます。

そうして企画を進めているうちに、眠りの実験を専門にしている先生にたどり着き、「そもそも問題を、実験で確かめよう！」ということになったのです。

実験は、〝さま〟を見せる常套手段です。企画成立！

あとは「実験」あるのみです。

第5問

始めが変われば、終わりが 変わる

４人の被験者を集め、室内を22度、湿度65％にし、ランチをとってもらいました。

案の定、被験者たちはプワプワとあくびを始めます。そこで、ひとりはベッドで、ひとりは椅子で居眠りをしてもらい、他の２人は居眠りを我慢してもらいました。

1時間後、被験者に計算ドリルを解いてもらい、朝・ランチ前のときの結果と比較しました（被験者には、朝とランチ前にも計算ドリルを解いてもらっていました）。

その結果、居眠りをしたほうが、集中力が高まり、頭脳明晰になり、午後の仕事がはかどることが分かったのです。

ただし、本格的に横になってはダメ。椅子に坐ったまま、ウトウトする。これだと20分もウトウトするとスッキリ目が覚め、そのあとの仕事のパフォーマンスが上がります。

企画のタイトルは、ずばり「〝部長眠り〟のススメ」！

イタリアのシエスタ（午睡）を例に出すことで、さらに納得感を高めたのは言うまでもありません。

そうです。

「そもそも」をひも解いて、アナロジーを駆使したデザイン思考で企画を追求した結果、たどり着いたのは、「居眠りの対処法」でも「解消法」でもなかった。

まったく正反対の居眠りのススメ、です。しかも、部長の居眠り（＝椅子でウトウト）がベストだなんて、オモシロ企画のできあがりです。

始めが変われば、終わりも**変わる**。「そもそも」を駆使すれば、新しい機会＝これまでにない発想が生まれるのです。

第6問

おいしい［サラダ］を作るには、畑の知識が必要

穴をあけて、アナロジーで強みを活かした企画を立てる作業は、「穴あけ」勉強法というより、穴あけ学問法、と呼んだほうがいいかもしれません。

勉強ではなく、学問。

そう、〝学ぶ力〟です。

私が「学問と勉強」の違いを認識したのは、大学院に進学し、研究を始めたときです。大学院で論文を書き上げるには、研究のテーマから、タイムマネジメントまで、そのすべてを自分で考えて、行動しない限りどうにもなりません。

いわば、オール［　　］。

「学問に王道なし、とはこういうことか」と、身をもって痛感しました。

勉強とは言わば、誰かが作った野菜を、あれこれ集めてきて、サラダを作って、お皿に盛りつける作業です。トマトをメインにしようと思ったときには、さまざまなトマトを調べ、どれにしようかと選んで盛りつければいい。いい野菜の選び方や盛りつけ方のコツを高めるのが、勉強です。

一方、学問は、畑選びから始まります。

どこの畑に、どんな種をまいて、どうやってそれを育てるか？　うまく育てるにはどうしたらいいか？　台風からどう守るか？　そうこうして、やっとできあがった野菜を収穫し、サラダを作って盛りつける。

おいしい**サラダ**を作るには、畑のことも、種のことも、野菜のことも、育て方も、分かっていないとダメ。突然の暴風雨がきても、予期せぬ害虫におそわれても大丈夫なように、「何かの役にたつかもしれないから」くらいのユルい気持ちで、「ちょっと気になる」ことや、「なんかおもしろそう」と感じたら、〝引き出し〟を作る。

畑選びから収穫まで、すべてのプロセスで、脳みそをフル回転させ、あーだこーだしないと、サラダはできません。

とても体力のいる、しんどい、自分の限界に何度も遭遇する作業です。

しかも、サラダを仕上げるときには、散々集めた知識を、必要最低限まで排除し、シンプルな形、食べやすい＝分かりやすいカタチにする必要があります。

人はシンプルなものに魅せられる。

ムダが排除されて初めて自分の強みも目立ちます。そして、そこに自分らしいスパイスを加え、自分が作った意義を表すタイミングで、サラダをサーブしなきゃいけません。

大学院では、毎週金曜日に「研究会」の時間があり、そこで自分の研究計画や進捗を発表し、意見をもらい、研究の質を高めていきます。

前にも書きましたが私の修士論文のテーマは「新卒社会人の五月病」です。

修士1年の初めての発表。

キレものの先輩たちの前での20分のプレゼンです。自分ではできる限り、先行研究をレビューし、研究テーマと枠組みを考え、ドキドキしながら研究会に挑んだ〝つもり〟でした。

プレゼンデビューは、自分では「まあ、合格かな」と、ホッとできるものでした。

ところが、先輩がひとこと。

「そもそも五月病になるって、何が問題なの？」と、〝そもそも〟突っ込みをされたのです。

「えっと……。五月病になると、会社を辞めてしまったり……」とあたふた答えると、「辞めて何が問題なの？」と、またしても〝そもそも〟つっこみです。

「えっと……」と私が、何も答えられずにいると、「そもそも五月病なんて、ホントにあるの？」と、さらなる〝そもそも〟攻撃をされてしまったのです。

度重なるそもそも攻撃で私の研究は木っ端みじん。

自信喪失……お先真っ暗になりました。

でも、確かに言われてみれば、先輩の言うとおりです。

いわゆる〝五月病〟なんて、本当にあるのか？

あるとしたら、本当に名前どおり一時的な症状なのか？

五月病と、離職傾向に関係はあるのか？

新入社員の離職の、何が問題なのか？

そもそも、五月病になって、何が悪いんだ？

起点までもが、「そもそも」になりました。デザイン思考と同じです。

次々と出てくる、「そもそも問題」を解決するには、もっともっと「新卒社会人の五月病」について勉強し、知識を増やす必要がありました。そこで、医学系の論文以外の先行研究のレビューから、再スタートです。

経済学部、教育学部、文学部……、関連がありそうな学部の図書館に行き、求めている論文がヒットするように、キーワードを探し、さまざまな角度から、新入社員の入社後に関してかかれている論文を集めまくりました。

畑が変われば、作られている「野菜」も「サラダ」も変わります。

組織社会化、キャリアレディネス、早期離職、ワークモチベーション、生産性など、さまざまなアプローチ法があり、新しい知識や情報を増やしていくことで、「そもそも問題」がひとつひとつ、クリアになっていきました。

どの畑にどんなタネをまくかを、膨大な知識から選別し、そもそもの自分の専門分野である医学を幹に、リサーチクエスチョンを明確にし、研究計画を組み立て直しました。

その過程では膨大な知識と情報に、頭が混乱しました。何がなんだか、分からなくなることもたびたび。知識が消化できず、自分が何をやりたかったのかも分からなくなり、野菜の育て方はおろか、どの野菜を育てればいいのかも分からなくなりました。

そんな大混乱を解決したのも、「そもそも」だったのです。

そもそも私は、どんな〝サラダ〟を作りたかったのか？

そもそも私の研究は、社会に意義ある示唆をもたらす研究なのか？

そもそも私は、何を専門にしているのか？

そうやって考えていくと、最初に研究テーマを決めた〝初心〟に戻ることができ、やるべきことが整理されました。そして、「ひとつひとつきちんとやっていけば答えが出る」。そう自分に言い聞かせました。

それって実は、これまでと一緒。

結局のところ、お天気キャスターの仕事と同じです。

第6問

おいしい サラダ を作るには、畑の知識が必要

お天気も健康社会学も、お天気キャスターも研究者も、ひとつひとつきちんとやる以外、生き勝つ術はない。お天気企画も研究も、はたまたコラムも、学問する力なくして、成立しません。

学問に王道はない。生き勝つにも王道はない、のです。

第7問

三角関数なんてネズミから理解できる

新しいことは遊びから生まれる——。ものづくりの現場の方が、よく口にする言葉です。そして、「遊び」に使える一見ムダな時間ほど貴重なものはない——。これは私の持論でもあります。

「日本の頭のいい人って、勉強はできるかもしれないけれど知恵がない。試験の問題は解けても、難しいことばかり考えるから現場で生かされない。子供の頃に遊んでいなかったからなんだろうね」

これは、発明家でもある三鷹光器の創業者、中村義一さんの言葉です。

三鷹光器は中村さんが１９６６年に創業した40人ほどの小さな町工場で、81年には

第7問

三角関数なんて［ネズミ］から理解できる

名だたる大企業に競り勝ち、米航空宇宙局（NASA）のスペースシャトルに搭載する特殊カメラを納品することに成功しました。1986年には、ライカから業務提携依頼を受け医療機器の分野へ進出。画期的な脳外科手術機器を開発し、世界的に名の知れた企業です。

同社は、入社試験で電球の絵を書かせたりしてユニークな試験を行っていることでも有名です。

そんな〝新しいもの〟を想像し、創造し続けた中村さんの原点は、遊び、です。数年前に「ワザありニッポンの旅」という世界に誇るワザを持つ企業を取材するテレビ番組のレポーターをやっていたときに伺ったお話は、とても興味深いものでした。

「三角関数とか、三角定理なんてもんは、［ネズミ］が部屋の中を走り回るのを子供の頃から見て遊んでりゃあ、簡単に理解できる。

ロケットに搭載するカメラも、エンジンの振動のことを考えなくちゃならないんだけど、子供の頃に橋の上で、飛び上がったり、走り回ったりしてれば、その振動だって分かるんだよ。

NASAにいる人たちももちろん大学で専門分野の勉強をしてるんだけど、子供のときに友達と小さいロケットを作って飛ばしたりして遊んだ経験があるんですよ」

「遊んでるといろんなことをやりたくなる。そのときにやってみたかったこと、たとえばただロケットを飛ばしてもつまらないからカメラを積んで写真を撮ってみようとか、そのカメラを電波で制御してみたいとか思うわけ。

するとロケットのことだけじゃなくて、カメラの勉強もするし、電気の勉強もする。で、自分がやってみたかったことを可能にするには、どうすればいいか、知恵を必死に絞るようになるんだよ。

遊んだ経験があるから、機械の勉強も電気の勉強もレンズの勉強も、みんな必死でやる。そういう連中がNASAにはそろってる。知恵の絞り方をみんな知っている。だからヤツラと、互いに理解し合えるんだよね。向いている方向が同じだから。英語なんかできなくても、不思議と通じるんだよ」

番組のディレクターが打ち合わせのファックスを送ったときには、「私はね、中学校しか出ていないから、難しい字は読めないよ。大切なことは電話をしてくれ」と苦言を呈した中村さん。中村さんの技術は、子どものときに毎日通った、国立天文台の望遠鏡から生まれたとも。

三角関数が、「ねずみの走り方」で理解できる、というのは、よく分かりませんでしたけれど（笑）、中村さんの言葉には、「穴あけ」「アメーバ化」「アナロジー」「想像」「学問」とここまで私が書き綴ってきたことが、すべて集約されているように思います。

知恵とは、つなぐ力です。

つなぐ力は、遊びという経験で育まれる。足と手を動かして、頭をクルクルさせて、おしゃべりしまくって、気持ちのおもむくままに行動する。教科書とにらめっこしていたって、意味がない。お勉強ができたって、考える力がなければ使いものになりません。

僭越《せんえつ》ながら、私の「風俗は学問に！　学問は風俗に！」というモットーは、中村さんの言葉に通じているのでは？　と感じています。

例えば、「妖怪カマイタチ」と「気象」をつないだ企画を思いついたことがあります。

新潟県弥彦村には、昔から「鎌鼬《かまいたち》」がいると伝えられていました。

1812年（文化9年）に刊行された随筆集『北越奇談《ほくえつきだん》』には、「弥彦山から国上山へ越す所に黒坂という所があって、そこで転んだ者は必ずこの不思議な目にあう」という記述があります。

転んだはずみに、手か足の一部が急にパックリ裂ける。血もでなければ、痛みもない。「この不思議な目にあう」のは、妖怪カマイタチの仕業だとされ、越後七不思議のひとつに数えられていました。

カマイタチの正体は□？

ディレクターと私は、それを探りに弥彦村に行きました。村を歩くと、あちこちに「かまいたちにあったことがある」という証言者たちに出会いました。

「風呂はいってたらさ、突然、ぱっくり裂けた」

「風の強い日で、チクッとしたと思って足見たら、カマイタチにやられてた」

「なんかね〜、つむじ風みたいなもんなんだな、アレは」

「だいたい冬なんでよ、カマイタチにやられんのは。寒い日だな」

人々は、続々と証言を重ねました。

「カマイタチの古絵図がある」と言う方がいたので見せてもらうと、そこには「木の葉を吹き上げる風の渦の中心に、鎌を持った恐ろしいイタチ」が描かれていました。

こういった数々の証言から、私は「カマイタチの正体」をアレコレ考えました。冬、寒い、足、つむじ風、パックリ——これらは、キーワードです。

そのキーワードを足がかりに、□を考えてみると、「つむじ風に巻き上げられた砂が正体では？」という仮説ができあがりました。

あとは、「つむじ風、砂」で、弥彦村特有の情報はないだろうか？　とアメーバ化を進めました。すると、

・晩秋から冬季にかけて、〝弥彦おろし〟と称される北西の風が吹く
・地質的には、地質的には安山岩、玄武岩、流紋岩など種々の火山岩が分布している
・火山岩は粒が小さい

などが分かりました。

そこで「カマイタチは、寒い北風の強い日に現れる。正体は、地面付近で発生したつむじ風」と結論づけ、オンエアしたのです。ホントは、実験までできれば良かったのですが、時間と予算の関係でNG。

あとは、スタジオのトークでどうにかするしかありません。

これにはさすがの久米さんも、「う〜〜ん……」と納得いかない様子で、「ホントかな〜？」と顔をのぞき込まれました。

「はい、ホントです！　弥彦村の土は粒が小さい火山岩。つむじ風に巻き上げられた砂が、ピシッと皮膚を切るんです！」

力技で返しました。

スタジオも視聴者も、「う〜む」とちっとも納得してくれませんでしたが、この企画もいまだに「アレはおもしろかったね！」と、時折言われて驚くことがあります。

第8問

ボーッとする時間は、立ち止まる時間

〝遊び〟が大事だと言われると、真面目な方ほどがんばって遊ばなきゃと思うかもしれませんが、ボーッとする時間こそ、**貴重な遊び**のひとつです。

例えば江戸時代の職人たちは暑い日には、「暑くてやっていられねぇ～」と働くのを止め、雨の日には「うちらもお天道さんに合わせて休むか」と仕事を休み、冬になると日が暮れる前に仕事を切り上げ、実質4時間ほどしか働いていなかったのだとか。でも、仕事が立て込んでいるときには、徹夜をすることもあったと言われています。

やるときはやる。休むときは休む。遊ぶときは遊ぶ。

メリハリの効いた働き方、これぞ、究極のワークライフバランスです。

そんな江戸時代の職人たちの働き方を見習ったら、生産性も上がると思うのですが、現実は正反対の方向に進んでいます。

「ムダな時間をなくせ！」「ムダな話はやめろ！」「ムダなヤツはいらない！」と、「ムダをなくせ！」の大合唱です。

生産性を高めるために徹底的にコストを削減し、ギリギリの人数で働く時代になってしまいました。

一見ムダに思える時間は、人間の想像性や創造性を育む、実に大切な〝時間〟です。ボーっとしたり、ぼんやりするムダな時間の有効性は、さまざまな心理学実験でも確かめられています。

例えば、英イーストアングリア大学教授で、心理学者のテレサ・ベルトンらは、過去の学者たちが明らかにした「ムダな時間の効用」の文献をレビューし、心が無になるような退屈な時間を経験した人ほど、発想力や創造力が豊かで、新しいことにチャレンジする傾向が強いことを示しました。

以前、脳科学を研究している先生とお仕事でご一緒した時にも、発想力や想像力は、脳に少しばかりの空きスペースができたときに生まれるということをうかがいました。

必死で考えようと脳を酷使しているときよりも、リラックスしたり、ボーっとしたり、脳を休ませてあげる方がひらめきが多いとか。

ボーッとする時間は、立ち止まる時間です。

穴あけ問題集も、□という「すきま」があるからこそ、立ち止まることができます。穴が空いてなければ、通り過ごしてしまうような単語に目が行くようになります。

毎日会社に行くときの通り道、突然、更地になった場所で「アレ、ここって何があったんだっけ？」と立ち止まることがありますよね？

毎日見ているはずなのに、どうやっても思い出せない。

つまり、穴＝更地があると立ち止まれる。立ち止まると考える。そういうメカニズムを、私たちは持っているのです。

穴をあけることは、あえてムダに見えるすきまを作り、気づきを促す大切な行為なのです。ときには、日常の生活時間にも穴をあけてみると、思わぬ発見があるのかもしれません。

アナロジー化の極意

- 自分の経験知と結びつける！
- 〝そもそも〟を考えろ！
- ムダな時間を作れ！

学問は風俗に！
風俗は学問に！

第5章

強みを発展させてイノベーションを起こす

第1問 常識を疑い、知識を逸脱する勇気を

学生時代に、家庭教師をしていた子が自宅の観葉植物の葉の一枚一枚に、マジックで似顔絵を書いたことがありました。その子の母親は、「何てことするの！」と激怒し、父親は、「植物はお絵描き帳ではないぞ」としかりつけました。でも、実はその子がお絵描きをしたのは、いたずらではありませんでした。

植物の葉が「どうやって大きくなるのか？」が知りたかったのです。

髪の毛が伸びるように、葉の周りが成長していくのか？

それとも、自分の背が伸びるように、葉全体が大きくなっていくのか？

それを確かめたくて、葉っぱに絵を描き、〝なぜ？〟を解明しようとしたのです。

天才！　イノベーションです！

大人の想像をはるかに超えた発想を、その子はしていました。

想像と行動をつなげてニコニコ葉っぱを創造したのです。これが革新する力、すなわち**「イノベーション」の源泉**なのです。

イノベーションのカリスマ、スティーブ・ジョブズは、経済的理由から大学を中退。暇つぶしに受けたカリグラフィーの授業に、夢中になります。

「この美しい文字を、簡単に誰もが使えるようになったらどんなにすばらしいことか」

彼は、カリグラフィーのある日常を想像しました。

その想像を形にする技術ができ、生まれたのがグラフィカル・ユーザー・インターフェイスに優れたパーソナル・コンピュータのマッキントッシュ（Ｍａｃ）です。

一般的に理解されている、イノベーション＝技術革新は、自由な想像の産物。想像の先に、創造が存在します。そして、それが日常をガラリと変えてしまうような「革新」につながるのです。

ニコニコ葉っぱは、自由な想像の産物です。少年は少年なりに、必死に脳内のおサルやウサギとあーだこーだ考え、行動に移しました。

オトナの「葉っぱにお絵描きだなんて……」という〝常識〟が、創造する力を規制する。

「あたりまえ」という感覚が、天才を凡人へと落とす。

誰もが、〝ジョブズ〟になれる可能性を秘めているのに、「常識」という、やっかいな代物が、イノベーションの芽を摘んでしまうのです。

〝常識の壁〟は、私たちが想像する以上に高く、厚く、険しい。「こんなに高いのは、ちょっと…」などと、乗り越えるのを諦《あきら》め続けていると、そこに壁があることも、自由に想像することも、次第に忘れていきます。

自由に想像する力は、アメーバ化で高まる力。あとは常に「常識を疑い」「**知識を逸脱する勇気**」を持てれば、イノベーションを起こすチャンスは、必ずやってきます。チャンスの神様の前髪をつかむ準備は、「穴あけ」勉強法でできあがっているはずです。私もそれを信じて、もう少しだけあがき続けようと思っています。

第2問 自分を信じることほど力強いものはない

とはいえ、自由に考えることと、自由に行動することは別もの。行動に移すのは、相当勇気のいる作業です。

でも、多少のハッタリでもいい。誰がなんと言おうと、自分を信じ「動く」べきです。もちろん不安になったり、悩んだりしたときには他人の意見に耳を傾けるしなやかさは必要です。

でも、最後の決断は自分でする。途中、大きな石ころやら崖やらがあって、危険かもしれません。想定外の暴風雨に襲われることも、あるかもしれません。

でも、自分で決めたことなら、「やるしかない！」と開き直れます。「自分にはできる」と、ハッタリをかまし、前に進めばいいんです。

あまり信じてもらえないのですが、私は、自分に自信のない人間です。最近はずいぶんとずうずうしくなりましたが、つい数年前までは、まったく自分に自信が持てず、不安の固まりのような存在でした。自分でも「私、大丈夫か？」と、心配になるほど、自信のなさに呆《あき》れることがたびたびあったほどです。

でも、「やりたい！」と思ったら、周りがなんと言おうとやってきました。やりたい気持ちが、自信のない気持ちを凌駕《りょうが》する、とでも言うのでしょうか。やらなかったことで後悔したくない、というのが正直なところかもしれません。

CAを辞めたとき、「いい旦那さん、見つけたほうがいいよ」と周りの人たちから、何度も言われました。

大学院進学を決めたとき、「30代後半で、チャレンジだなぁ」と驚かれたり、「仕事はどうするわけ？」と心配されました。

そんな風に言われると、自分でも不安になりました。

「かわいいお嫁さんになったほうがいいのかな？」とか、「このままお天気お姉さんのほうが、いいのかな？」とか。

気象会社に入ったあとも、大学院に進学したあとも、しんどくなるたびに、「私には、ムリなのかな」と自己嫌悪に陥りました。

でも、そんなときには、「CAを辞めよう！」と決めたときの気持ち、「大学院に行きたい！」と思ったときの気持ちを思い出し、「とやかく悩む暇があったら、目の前のことをちゃんとやれ！」と自分に言い聞かせました。

「だって、自分で決めたことじゃん。やるしかないじゃん」と**開き直ると、あとは自分を信じるしかないのです。**

もちろん将来への不安がゼロになるわけでも、自分への不安が皆無になるわけでもありません。それでも、自由に考えることに制限がないように、**自分の行動に制限さえつけなければ、可能性は無限大に広がっていきます。**

とにかく動き続ける。やり続ける。

自分を信じて、行動する。

私のように自分に自信が持てなくとも、自分の行動への信念は、誰もが持てるはずです。

人間の心の働きを巡るメカニズムの中で、**自分**を信じることほど、力強いものはありません。

1章で少し触れましたが、自分を信じる力は、心理学の世界では「自己効力感(self-efficacy)」という概念で説明されます。

自己効力感は自尊心と混同されがちですが、自尊心はあくまでも自分への自己評価。いわば自信です。一方の**自己効力感は、自分の行動への信念です。**自己効力感は、困難を挑戦に変える力です。

ジョブズも言っています。「進み続けよ、決して安住してしまってはいけない」と。私がいちばん好きな彼の言葉は、スタンフォード大学で学生に送った、

Stay hungry, Stay foolish !

その意味するところは、「前に進み続けろ！　謙虚な気持ちを忘れるな！　バカと思われるのを恐れるな！」だと解釈しています。

ちなみに、ハッタリの効果は、米国の人類学者、ロバート・トリバース（米ラトガース大学教授）らが行った調査で確かめられています。

人前でスピーチをすることの多い企業の経営者を調べたところ、「自分は人前でちゃんと話せる」と、スピーチ前に自身に言い聞かせている人は、過度に緊張することがなく、聴衆の前で自信に満ちた態度で、スピーチに臨むことができていました。

そして、その経験が自信となり、結果的にスピーチが上手になっていったそうです。

第3問
履歴書の□は良くない？

穴をあけることの重要性を、ここまで散々書いてきました。ところが皮肉なことに、日本社会は〝穴〟をあけるのをあまり好みません。

中途採用担当になった知人が以前、採用面接を受けに来た人が前の仕事を辞めてから1年以上が経っていると、その期間に何をやっていたのか、やたらと気になると話してくれたことがあります。よほどの正当な理由がない限り、「履歴書の□は良くない」と彼は言うのです。

かくいう私も、経歴の〝穴〟を指摘された経験があります。
大学院の博士課程で論文が受理され、修了が決まったとき、ある人から、「就職はどうするんですか？」と聞かれたのです。

当時の私は今と同じように、書いたり、話したり、メディアに出たりと、仕事をし

第3問

履歴書の［　　］は良くない？

ながら学生と二足のわらじを履いていました。でも、私のようにフリーで仕事をすることは、気ままに働くフリーターと何ら変わらないと思う人も少なくありません。

穴を指摘した知人も、おそらくそうだったのでしょう。

一般的に、博士課程を出たら、大学の教員になるか、シンクタンクや研究所に就職する。そこで彼は、履歴書に穴をあけないように、〝ちゃんとした〟組織に属していないと「業績に響くから良くないよ」と、苦言を呈したのです。

私には、はなっから組織の一員となったり、みんなと同じ〝電車〟に乗る計画も野望も皆無です。なので、彼の苦言など無視すれば良かった。相手にすることなどなかったはずです。

ところが、困ったことに「良くないよ」と言われたら、妙に気になる。

漠然と不安を感じました。

気がつくと、私はリクルート情報を集めまくり、必死で教員を募集している都内近郊の大学を探しはじめたのです。

穴＝悪という世間の常識が、私の内側でうごめき出してしまったのです。実際、「都内の大学だったら、今の仕事をしながらでも大丈夫かも」などと、それまで一度たりとも考えたことのなかった〝通勤電車〟に、みんなと同じように乗ろうと考えるようになりました。募集要項を取り寄せ、エントリーしました。

幸い「内部の推薦があることが望ましい」という条件を満たさなかったため、1次選考で落とされました。

ショックでした。

ああ、どうしよう、と途方にくれました。でも、そのショックのおかげで、やっと目が覚めました。

「アレ、私、何やってるの」と。

周りの「普通」に流されていた愚かな自分に気づき、自分が本当にやろうとしていたこと、自分のやるべきことを思い出しました。

「穴＝悪なんて関係ない。将来、ひょっとしたら大学の教員になりたいと思う日が、来るかもしれない。でも、今は違う。今は、やるべきことをやろう。目の前のことを、必死でやろう」

そう思い直し、履歴書の〝穴をあけた〟のです。

第3問

履歴書の［　　］は良くない？

本田宗一郎さんは「**人間休業**」と称して、1年間、友人と飲み歩き、将棋をうち、尺八を吹き、穴をあけた時間を満喫したといいます。世間には、「ムダな時間をダラダラ過ごして、本田はもう終わった」と批判する人たちもいました。

ところが、どうでしょう。

その1年後、誕生したのが、名車スーパーカブです。まさしくイノベーション。穴をあけた時間（＝ムダな時間）で想像する力を養い、それまで磨き上げた強み＝技術でつなぎ、スーパーカブを創造したのです。

実際には、世の中に、ムダなことなんてひとつもないと思うのです。穴があこうと、人に何を言われようとも、「1、2、の3」で、とりあえず飛び込んでみる。それが**ムダになるかどうかを決めるのは、結局は自分なのです。**

第4問 人生はレインボー！

キャリアは、一般的には「職業」と理解されていますが、**「キャリアとは人生のある年齢や場面のさまざまな役割の組み合わせ」**です。

私たちはこの世に誕生したときから、さまざまな役割を演じています。

産まれたときには、赤ちゃん。学校に行き始めたら、学生。娘、息子も演じます。社会に出たら、職業人、結婚したら妻を、市民を演じることもある。

そんな家庭や社会におけるさまざまな役割の経験を積んでいくことが、「キャリア」です。

それぞれの役割を、どれくらいの時間と厚みで経験していくか？　それによって、その人の人生が彩られます。これは、「ライフキャリア・レインボー」と呼ばれています。

30代後半で大学院生になり「自分の言葉」を探しているとき、私は時折、自分がどこに向かっているのか、分からなくなることがありました。

自分で行きたいと思って大学院に進んだのに、その経験が仕事にどんな風につながっていくのか？　確たる道筋を描けなかった。あまりにしんどい日々に、気力も失せていたのでしょう。「どうにかなる」とも思えませんでした。

そんなとき出会ったのが、米国の教育学者、ドナルド・E・スーパーの「ライフキャリア・レインボー」の理論です。

働くストレスに関する知識をアメーバ化して深めているときに、「キャリアとは人生のある年齢や場面のさまざまな役割の組み合わせ」であるというフレーズを知り、心が揺さぶられました。

今は「学生」として目の前のことを一生懸命やればいい。すべてがキャリアなんだから。そうすることが「働く人」としての仕事にもプラスになる――。

そう考えたら、少しだけ楽になりました。

人生をもっと楽しめるような気がしました。

ときには「学生」を離れ、家事を一生懸命やって「家庭人」を全うし、またあるときには、大好きな人のために料理を作って「彼女＝その他の役割」を演じ、ときには、ボランティアに参加して「市民」になり……。

七色の虹のごとく、いろいろな色で自分の人生を彩ればいい。

それが「自分らしく」生きることであり、私は今までもそうやってきたじゃないか。

そうして自分のキャリアを振り返ると、なんだかとてつもなく嬉しくなった。

自分色のライフキャリア・レインボーを彩る作業は、「役割に穴をあける」作業でもあります。

どんな色にするかは自由！

どこを穴あけにするかも自由！

そのとき、そのときの色を、きちんと丁寧に濃くしていけば、赤と青と紫の、点と点がつながり、自分なりの人生ができあがります。

人生は**レイン**ボー！ こう考えるだけで楽しくなる。

実際、私は〝10年後の自分のレインボー〟が、どういう色合いになっているかを、メチャクチャ楽しみにしています。淡い色合いだろうと、地味な色合いだろうと、ピカピカに輝くように、ひたすらきちんと目の前のことをやればいい、というか「やるしかない」のです。

第4問
人生は レイン ボー!

私の穴あけ履歴書

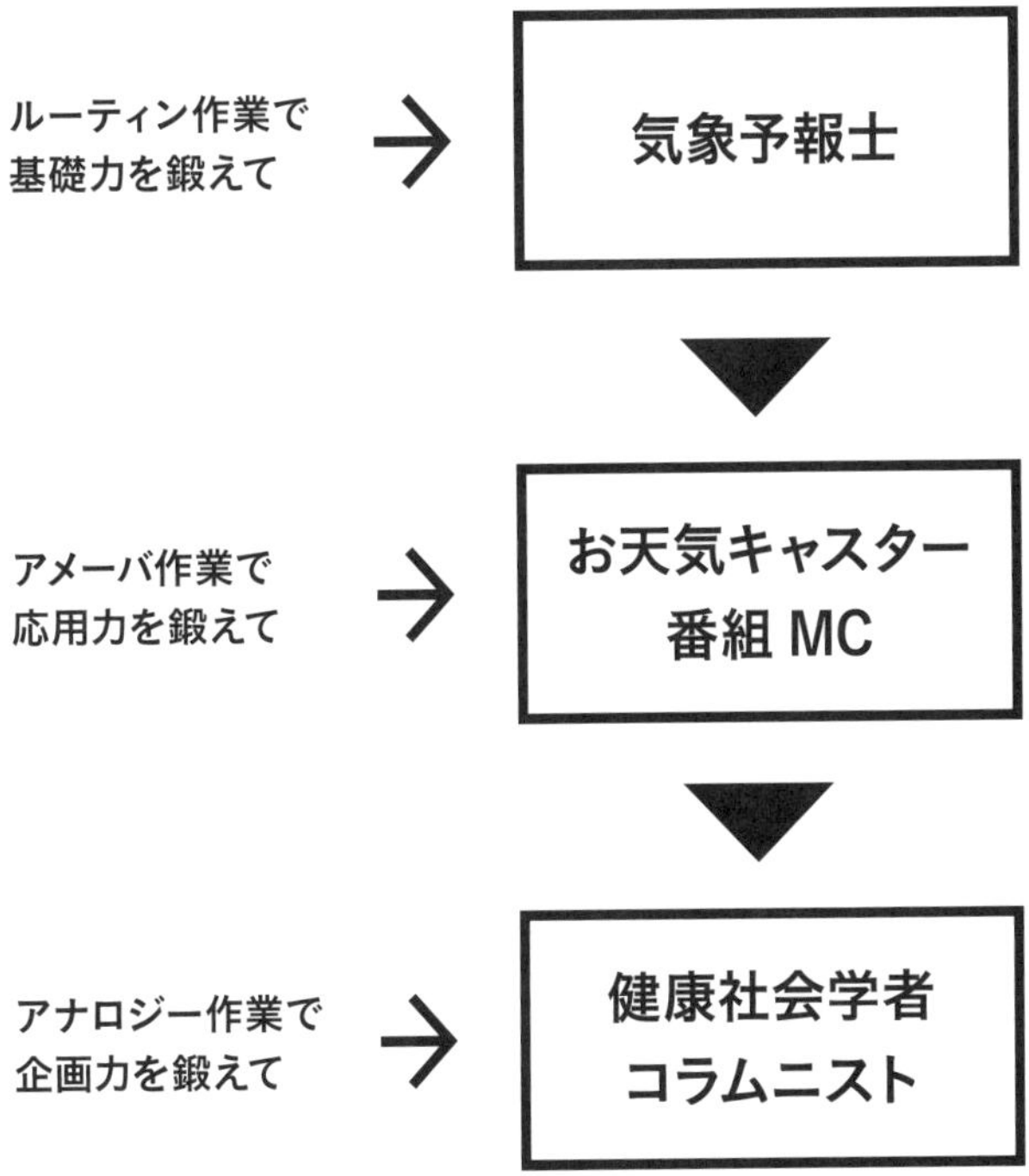

第5問 人間には「未来」の記憶」がある

「1万時間の法則（10000-hour rule)」って聞いたことがありますか？

米誌「ザ・ニューヨーカー」のスタッフライターであるマルコム・グラッドウェル氏が著書『天才！ 成功する人々の法則』（講談社、原題は〝Outliers〟）の中で、「Ten Thousand hours is the magic numbers of greatness.」と記したことがきっかけで広まった成功の法則です。

グラッドウェル氏は、世の中で「天才」と呼ばれた偉人たちを調べ上げ、彼らが生まれながらの天才ではなく、「1万時間ものトレーニングを積み重ねた結果、天才と呼ばれる能力を開花させた」と説きました。

心理学の世界でも、「優れたパフォーマー」とされる人は、生涯にわたって行われる、パフォーマンス向上のための計画的努力によって生じる」とされています。

「1万時間に及ぶ計画的訓練（deliberate practice）」をすれば、誰もが秀でた能力を身につけることができると、考えられているのです。

1万時間は、1日3時間で10年、1日8時間で3年。

「1人前の同時通訳になるには10年かかる」と私が同時通訳の学校で先生に言われたこと、「石の上にも3年」ということわざ。奇しくもどちらも1万時間です。

1万時間。

うーむ、気が遠くなるような時間です。

でも、自分のキャリアを振り返ってみると、「やっぱりそれくらいはかかるよ」と思われる方も多いのではないでしょうか。

少なくとも、私には納得できる時間でした。

「穴あけ」勉強法で「原本」を網羅するには、超高速の人で3カ月、平均で半年。のんびりやって1年、かかります。その1年さえふんばってやり遂げれば、その後の1万時間は自然と通り過ぎ、気づいたときには、その分野で、そこそこのプロとして生き勝っているはずです。

「穴あけ」勉強法を始めた最初の1年間は、不安との戦いかもしれません。

でも、一問一問、「?」を大切にして、きちんと勉強し続けていると、満足感が味わえる瞬間が時折やってきます。

私自身、天気図が読めるようになったとき、予報を当てることができたとき、企画を成功させたとき……。小さな〝成功〟を積み重ねるうちに、それまでとは違う景色が見えてきたのです。

景色が変わるとその先にあるものがもっと見たくなる、もっと前に進みたくなる。そうやっているうちに、その道でいっぱしの存在、そこそこ〝食っていける〟ようになっていくのだろうと思うのです。

1万時間を達成するには、「強い気持ち」が、何よりも大切です。

この本を手に取ってくださった方には、その強い気持ちがあるからこそ、ここまでお付き合いしてくださったのではないでしょうか。強い気持ちなどというと、メラメラ燃えたぎる感情をイメージするかもしれませんね。

でも、私の考える「強い気持ち」はちょっと違います。もっともっとしなやかで、柔らかな光を放つ「芯を持つこと」です。

人間には「未来の記憶」がある

「未来の記憶」――。

私はこれこそが、「強い気持ち」だと考えます。光を感じさせるいい言葉です。

未来？　記憶？　なんじゃ？　と思われるかもしれませんが、私たちの脳には、絶えず未来を予知する力があります。人間は本能的に未来への行動計画を想像し、作り上げ、前頭葉に記憶していくのです。

その記憶に合致する意味ある行動が感知されると、積極的に取り組んだり、努力することができる。未来と現在を行き来しながら、行動を最適化できるように、私たちはプログラムされています。

「こうなりたい」
「ああなりたい」
「こんな人生を歩みたい」
「こんな人間になりたい」

そんな気持ちになった瞬間を大事に、一歩踏み出せばいいんだと思うんです。

とにもかくにもきちんと目の前のことをやり続ければ、誰にもまねできない、〝強み〟が発揮されると思います。

もし、しんどくなったら「きゃ〜〜!」と悲鳴をあげればいい。それでもどうしようもないときには、逃げる。そうです。逃げるが勝ち、ということだってある。

ストレスの雨をしのぐのに、さしてはいけない傘はない。

ねっ、そう考えるだけで、少しだけ楽になりませんか?

好きなこと、やりたいことに代表される「天職」を見つけることが、生き勝つために必要なことだと考える人がいます。「天職」は英語では「calling」または「vocation」です。

callingは「callすること(声を出して呼ぶこと)」、vocationは「vocare(呼ぶ)」を語源とし、どちらも「神様のお呼び」を意味します。

つまり、仕事とは誰かから呼ばれるもの。そして、呼ばれ続けることで「天職」になっていくのだと私は解釈しています。

第5問

人間には「未来の記憶」がある

あなたの穴あけ履歴書は？

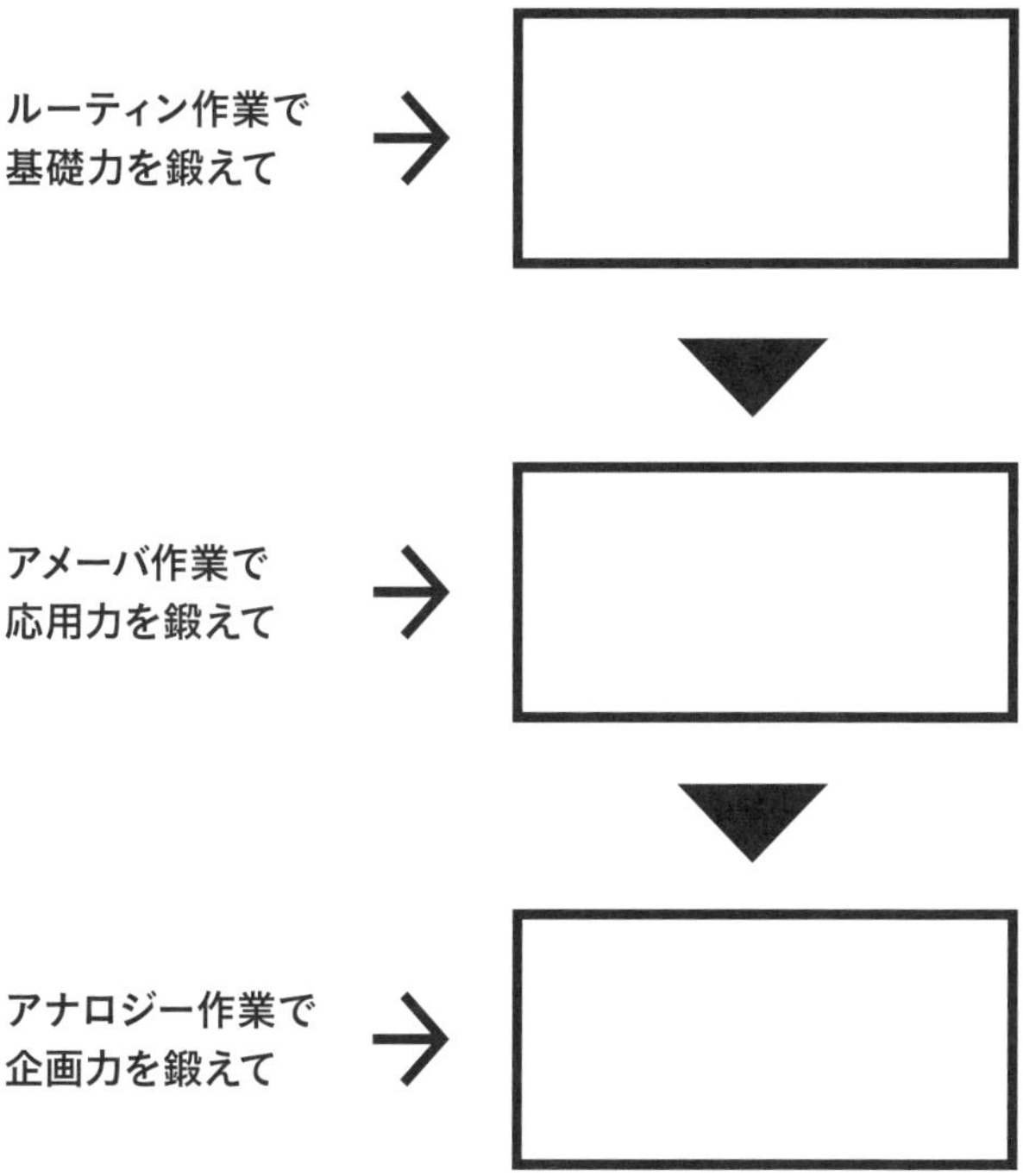

ルーティン作業で
基礎力を鍛えて
アメーバ作業で
応用力を鍛えて
アナロジー作業で
企画力を鍛えて

エピローグ

さて、あなたはこの本を読み終えて、□しましたか？

そろそろ□になったので、筆をおきます。

□くださり、ありがとうございました！

著者紹介

河合薫（かわい・かおる）

健康社会学者、気象予報士

東京大学大学院医学系研究科博士課程修了（Ph.D.）。千葉大学教育学部を卒業後、全日本空輸で国際線客室乗務員として勤務した後、気象予報士となり、テレビ朝日系「ニュースステーション」などに出演。その後、東京大学大学院医学系研究科に進学し、現在に至る。産業ストレスやポジティブ心理学など、健康生成論の視点から調査研究を進めている。働く人々のインタビューをフィールドワークし、その数は600人に迫る。長岡技術科学大学、東京大学、早稲田大学などで非常勤講師を歴任。

著書に『人生を変えるココロノート』（東洋経済新報社）『〈他人力〉を使えない上司はいらない！』（PHP研究所）『体調予報』（講談社α新書）など多数。

難関資格・東大大学院も一発合格できた！

考える力を鍛える「穴あけ」勉強法

2016年2月24日　第1刷発行

著　者　河合　薫

装幀者　岩瀬　聡

発行者　藤田　博

発行所　株式会社草思社

〒160-0022　東京都新宿区新宿5-3-15

電話　営業 03(4580)7676　編集 03(4580)7680

本文組版　アーティザンカンパニー株式会社

印刷所　中央精版印刷株式会社

製本所　株式会社坂田製本

ISBN978-4-7942-2189-6 Printed in Japan　検印省略

http://www.soshisha.com/